Cómo vivir y orar en el nombre de Jesús

Usted tiene la autoridad de usar el nombre de Jesús al llevar a cabo gestiones para Él. Aprenda cómo apropiarse del poder de su nombre y permítale cambiar su vida.

Dick Eastman y Jack Hayford

Publicado por
Editorial **Unilit**
Miami, Fl. 33172
Derechos reservados

Primera edición 1998

© 1988 por Dick Eastman y Jack Hayford
Originalmente publicado en inglés con el título:
Living & Praying In Jesus's Name por Tyndale House Publishers, Inc. Wheaton, Illinois.

El autor desea dar su reconocimiento a las fuentes originales de referencia que fueron de gran ayuda en la preparación de este libro. También deseamos expresar nuestra gratitud por el permiso otorgado por las editoriales para copiar libremente las citas de las páginas de las siguientes fuentes:
The Search for God de David Manning White, (C) 1983. Reimpreso con permiso de Macmillan Publishing Company. de *Eerdman's Book of Famous Prayers*, Veronica Zundel, (C) 1983. Reimpreso con permiso de Wm. B. Eerdmans Publishing Company. De *All the Divine Names and Titles in the Bible*, por Herbert Lockyer, (C) 1975. Reimpreso con permiso de Zondervan Company.

Traducido al español por: Mónica Goldemberg
Citas bíblicas tomadas de la Santa Biblia, revisión 1960
© Sociedades Bíblicas Unidas
Otras citas marcadas B.d.l.A. "Biblia de las Américas"
© 1986 The Lockman Foundation, y
"La Biblia al Día
© 1979 Living Bibles Int.
Usadas con permiso.

Producto 497472
ISBN 0-7899-0310-5
Impreso en Colombia
Printed in Colombia

Queridos:

Erick, Sandra, Clara María, Melissa y Melani Ane, reciban del "PADRE CELESTIAL" muchas bendiciones a través de este hermoso libro

Alvaro
Mary, Alejandro   mayo 20/2005

Al que está sentado en el trono y al Cordero, sea la alabanza, la honra, la gloria y el dominio, por los siglos de los siglos (Apocalipsis 5:13)

Señor, escribe tu bendito nombre en mi corazón; que quede grabado indeleble para que ni la adversidad, ni la prosperidad puedan jamás desviarme de tu amor. Sé para mí torre fuerte de defensa, consolador en la tribulación, libertador en la angustia, una presente ayuda en la dificultad y una guía al cielo en medio de las muchas tentaciones y peligros de esta vida. (Thomas à Kempis).

Contenido

Introducción 7

1. *Muralla de fuego (Protección)*......................................11

2. *Un fundamento seguro (Estabilidad)*.......................19

3. *Refinador y Purificador (Crecimiento)* 25

4. *Clavo en lugar seguro (Seguridad)* 32

5. *Gran luz (Guía)*..37

6. *Un cetro (Autoridad)*..43

7. *Espíritu que da vida (Vitalidad)*..................................50

8. *La cabeza del cuerpo (Supervisión)*..........................56

9. *Señor de paz (Consuelo)* 62

10. *Resplandor de su gloria (Excelencia)*.......................69

11. *La expresión exacta de su naturaleza (Realidad)*.......76

12. *Propiciación por nuestros pecados (Perdón)*............. 82

13. *Maná escondido (Provisión)*.......................................89

14. *El Amén (Concluyente)* 96

15. *León de la tribu de Judá (Determinación)*................102

16. *El Alfa y la Omega (Totalidad)* 108

17. *El Señor que sana (Restauración)* 114

18. *El novio (Afecto)* 120

19. *Admirable consejero (Discernimiento)* 126

20. *Piedra principal del ángulo (Consumación)* 133

21. *El que levanta mi cabeza (Confianza)* 138

22. *Mi roca (Refugio)* 144

23. *El poder de Dios (Supremacía)* 150

24. *La sabiduría de Dios (Iluminación)* 157

25. *El camino, la verdad y la vida (Propósito)* 164

26. *El Libertador (Liberación)* 171

27. *Señor de Gloria (Majetad)* 178

28. *El pan de vida (Alimento)* 185

29. *El lucero resplandeciente de la mañana (Despertando)* 191

30. *El Verbo de Dios (Creatividad)* 198

31. *Capitán del ejército del Señor (Victoria)* 205

Notas 215

Índice de los nombres de Jesús 219

Introducción

EN SU NOMBRE

Una amiga le preguntó a la esposa de Albert Einstein si ella entendía la teoría de la relatividad.

-No del todo -le contestó. Y luego agregó chasqueando la lengua.

-Pero comprendo a Albert. ¡Y puedo confiar en él!

Al orar, la frase que más pronunciamos y que menos entendemos es "en el nombre de Jesús".

A pesar que nuestra confianza en el Señor está claramente ligada en la Escritura al conocimiento que tenemos de su nombre. El salmista dice: "En ti pondrán su confianza los que conocen tu nombre" (Salmo 9:10). La victoria en la batalla está igualmente ligada al poder de su nombre. "Contigo rechazaremos a nuestros adversarios; en tu nombre hollaremos a los que contra nosotros se levanten" (Salmo 44:5).

Más adelante, Cristo extendió a sus discípulos un "poder notarial" la autoridad de usar su nombre a su favor en asuntos de negocios. Jesús dijo: "Y todo lo que pidáis en mi nombre, lo haré, para que el Padre sea glorificado en el Hijo" (Juan 14:13).

Cómo vivir y orar en el nombre de Jesús

¿Cómo podemos aplicar esta verdad de manera práctica hoy en día al intentar vivir y orar "en el nombre de Jesús"? El autor de Proverbios, nos da un vislumbre al declarar: "El nombre del Señor es torre fuerte; a ella correrá el justo y está a salvo" (Proverbios 18:10).

Orar y vivir en el nombre de Jesús significa mucho más que simplemente pronunciar una frase de cinco palabras al finalizar una oración. Significa *tomar posesión* del nombre de Jesús en la oración; es comenzar cada nuevo día en el poder de lo que Jesús es.

Vivir y orar en el nombre de Jesús comienza con nuestra búsqueda disciplinada de su naturaleza y su caracter revelado en tantos nombres y títulos que se le asignan en las Escrituras.

Continúa cuando nos saturamos, sistemáticamente, con un entendimiento de lo que significa vivir y orar en el poder de una faceta específica de la persona de Cristo.

Al continuar con este estudio, ten presente el simple significado que el diccionario le da a la palabra *nombre*: "palabra que sirve para designar las personas o las cosas o sus cualidades".

Andrew Murray amplía este concepto:

> ¿Qué es el nombre de una persona? Es una palabra o expresión en la cual una persona se nos representa. Cuando menciono o escucho un nombre, me viene a la mente la persona completa, lo que sé de esa persona, e, inclusive, la impresión que esa persona tiene de mí. El nombre de un rey incluye su honor, su poder, su reino. Su nombre es símbolo de su poder. De la misma manera, el nombre de Dios representa y materializa parte de la gloria del Invisible. El nombre de Jesús es la expresión de todo lo que Él ha hecho y todo lo que Él es y hace como nuestro Mediador.[1]

Todos los nombres y títulos que aparecen en las páginas siguientes se aplican, específica y directamente, a nuestro Señor Jesucristo. Ciertamente, algunas descripciones pertenecen al Antiguo Testamento y debieran mencionarse como "títulos de Dios", pero, recuerde que, de acuerdo con el Nuevo Testamento, toda la plenitud de la Deidad habita corporalmente en la persona de Cristo (Colosenses 2:9)

Pablo también escribió que "Dios estaba en Cristo reconciliando consigo al mundo"...(2 Corintios 5:19) mientras que Juan dice: "la Palabra (Cristo/Dios) se hizo carne (Juan 1:1,14). Por lo tanto, todo lo que decimos de Dios también se puede aplicar a Cristo. La plenitud del Padre viene a nosotros en su Hijo: "el que me ha visto a mí, ha visto al Padre" (Juan 14:9). No hay ninguna competencia o confusión en la Deidad. El Padre se complace de morar plenamente en Cristo y el Espíritu Santo se deleita en exaltarlo en plenitud (Colosenses 1:19; Juan 16:14).

Finalmente, para ayudarlo en su búsqueda sistemática de este potencial cambio de vida, hemos escogido treinta y un ejemplos de estos títulos de Cristo, uno para cada día del mes.

También notará que cada capítulo comienza con una palabra "clave" para cada tema. Esperamos que eso lo ayude a comprender el principio de cada título específico. Con cada nombre o título también encontrará una lista de expresiones relacionadas, algunas más extensas que otras, para ayudarlo a "santificar" el nombre de Jesús más particularmente. De esta manera podrá aplicar la porción del Padre nuestro que dice: "santificado sea tu nombre" (Mateo 6:9).

Amado, sumérgete en la fresca pureza limpiadora del conocimiento del nombre de Cristo. Nuestra oración por ti es que en estos momentos de refrigerio, encuentres el cumplimiento de la promesa de Dios: "Le pondré en alto, por cuanto ha conocido mi nombre" (Salmo 91:14).

1
Muralla de fuego
Zacarías 2:5

PROTECCIÓN

Un cuadro exclusivo acerca de la providencial protección de Dios surgió hace aproxidamamente cien años atrás, durante los años de la Misión a China Nacionalista. Se recibió un informe diciendo que un joven misionero en China había sentido el llamado de llevar el evangelio a la región más abandonada del interior del país. Ese abandono no se debía tanto a la falta de visión como a la naturaleza hostil de los habitantes de la región. Varios tramos de la ruta que conducía a esa región estaba plagada de pandillas y bandidos violentos. Aun así, el misionero sentía carga por la evangelización de la gente de esa región y, contrariando el consejo de sus colegas, se dispuso a hacer la tarea.

Realizó el viaje yendo por la conflictiva carretera, predicó gozoso y sin incidente alguno y regresó intacto a su base. Naturalmente, sus colegas quisieron saber cómo había hecho para lograr sus objetivos sin sufrir en manos de los bandidos. Después de todo, era imposible que un extranjero atravesara esa región sin que los "locales" lo supiesen.

Muy pronto comenzó a correr un rumor por toda la provincia, y daba la impresión que los mismos bandidos lo habían echado a andar. De acuerdo con ese rumor, ese misionero en particular había escapado a sus ataques porque había sido el único extranjero que iba acompañado por una compañía de soldados. Hasta el rumor decía que eran once, exactamente. El misionero estaba atónito; lo mismo que sus colegas, ya que había emprendido solo el viaje. ¿Habían venido ángeles a ayudarlo? Él estaba seguro que sí. Pero ¿por qué once? La respuesta la obtuvo después, al recibir la contestación a una carta enviada por él a su iglesia en la cual contaba acerca del milagro.

Algunas semanas después al envío de su carta, recibió una nota de su pastor pidiéndole si podía detallar con exactitud la fecha de su entrada a la zona hostil. El misionero sabía con precisión cuándo lo había hecho y le contestó.

Más de un mes después, al misionero le llegó una asombrosa carta del pastor. El ministro le explicaba que algunos días antes que el misionero emprendiera el viaje, había sido movido por Dios para llamar a una reunión especial de oración a favor de aquel misionero amigo. Cuando llegó el día señalado, el pastor estaba muy disgustado a causa de la poca asistencia. Eso fue hasta que recibió el testimonio del misionero. La carta del pastor terminaba diciendo: "te complacerá saber que, contándome yo, éramos exactamente once los que estábamos orando por ti ese mismo día".

CONOCIENDO ESTE NOMBRE

Ya fuese que el misionero lo supiese o no, él estaba funcionando en el poder de uno de los admirables nombres de Jesús: "Muralla de Fuego", un título que viene del mismo Señor a la manos del profeta Zacarías (Zacarías 2:5).

El Señor nos da la promesa de ser una muralla de fuego, de proveernos protección contra los enemigos de manera poco usual. La profecía de Zacarías sigue al retorno de miles de judíos después de setenta años de cautiverio en Babilonia.

Muralla de fuego

La ciudad de Jerusalén a la que regresaban estaba en ruinas. No sólo habían caído los muros en décadas anteriores por las tropas de Nabucodonosor, sino que el templo había sido completamente destruido.

Con celo y devoción los exiliados regresaban bajo el mando de Zorobabel para reconstruir el templo buscando restablecer el centro de adoración al más alto Dios. Pero el proceso de edificación era lento y el celo de los trabajadores estaba sujeto al desánimo y la fatiga. Vecinos críticos y opresivos atacaban sus esfuerzos y hasta hacían maniobras legales para entorpecer la obra.

A esto se sumaba que el pequeño grupo de edificadores estaba desprotegido ante los enemigos que se aprovechaban de ellos por el hecho de no tener paredes que los protegieran. Pero ellos estaban decididos a seguir adelante con el proyecto de edificación sin la protección que requería tamaño esfuerzo. En este punto es cuando se levanta la voz del profeta Zacarías, instruyéndolo para que diga a Jerusalén: "Yo seré para ella -declara el Señor- "una muralla' de fuego en derredor" (Zacarías 2:5).

El anuncio de Zacarías fue una fuerte promesa de confianza. Y la evidencia histórica confirma, no sólo que Zorobabel logró terminar la construcción del templo, sino que la oposición contra el pueblo de Dios se acabó por completo. Verdaderamente, el Señor se había convertido en su Muralla de Fuego.

VIVIENDO ESTE NOMBRE

Para poder entender y aplicar el nombre de Jesús, nuestra Muralla de Fuego, debemos determinar dos preguntas principales: ¿a quién le fue hecha la promesa y qué levanta la muralla?

Es cierto que la antigua promesa de Zacarías 2:5 fue hecha a Jerusalén, o más específicamente, a sus habitantes. Pero, no es una violación ni a la letra, ni al espíritu del pasaje, aplicar esta promesa en un plano personal. El Nuevo Testamento nos enseña que todos los cristianos que integramos la iglesia de hoy en día (los cristianos comprometidos con Cristo), han venido al Monte de Sion...a la Jerusalén celestial (Hebreos 12:22. Por lo tanto, como ciudadanos de la ciudad de Dios tenemos garantizados los beneficios que se desprenden por "morar" en la fortaleza (ver Salmo 48).

Por lo tanto, si el Señor dice: "seré un muro de fuego alrededor de Jerusalén", significa que Él es una muralla de fuego alrededor nuestro en estos tiempos.

Notemos de qué manera David axalta la seguridad y defensa de Jerusalén al decir que allí mora la presencia de Dios. "En sus palacios Dios es conocido por refugio" (Salmo 48:3). La seguridad de la protección está basada en la presencia de Dios, entre otras cosas, como muralla de fuego. Vuelva a fijarse detenidamente en estas palabras de Zacarías 2:5. "Yo seré para ella, dice el Señor, una muralla de fuego en derredor, y gloria seré en medio de ella". Por supuesto que el fuego es la radiante gloria del Señor. La brillantez y esplendor que llenaba el tabernáculo en la época de Moisés y que se derramó en el templo cuando Salomón lo dedicó al Señor, es la misma *shequiná* con la que Dios promete cubrir a los suyos y cuidarlos del enemigo.

La muralla es la mismísima presencia de la persona del Señor que se levanta para proteger a su pueblo del mismo modo que los muros de las antiguas ciudades se erigían para proteger a sus habitantes. Esto le sucede al pueblo de Dios de tres únicas maneras.

Primera, *el nombre de nuestro Señor, Muralla de Fuego, separa*. Esta acción de separación del "fuego glorioso" de Dios se ve en Números 16:35. Allí se descubre el dramático episodio de la confrontación de Moisés con Coré, que culmina con la sentencia de Dios entre el obediente y el rebelde. "Salió fuego del Señor y consumió" (Números 16:35) muestra claramente a Dios protegiendo a su pueblo y al mismo tiempo vindica a Moisés y Aarón. Y así como Jesús nos enseñó a orar "líbranos del mal" (Mateo 6:13), también podemos descansar tranquilos sabiendo que nuestro Señor,

Muralla de Fuego, nos vindicará. Él nos defenderá del ataque enemigo. Y Él nos confrontará con el pecado en nuestra vida cuando necesitemos su fuego purificador.

Segundo, *el nombre de nuestro Señor, Muralla de Fuego, aisla*. Los cuarenta años de Israel en el desierto son una prueba de esta protección de Dios. La presencia de Dios, vista como una fuerte columna de noche y una nube de día, no era sólo un signo de su gloria sino una realidad física de efectos beneficiosos.

Habiendo crecido en el clima desértico del sur de California, uno conoce perfectamente los extremos entre los ardientes días de calor seguidos por las noches heladas. No es difícil imaginar cómo apreciaría el pueblo de Dios el refrescante efecto de la nube seguido por el calor del fuego a la noche. Como declara la Escritura: "Extendió una nube para cubrirlos, y fuego para iluminarlos de noche" (Salmo 105:39). ¡Qué gozo saber que el nombre de Jesús nos aisla del ardiente ataque violento de Satanás o de los escalofríos de la indiferencia espiritual.

Finalmente, *el nombre de nuestro Señor, Muralla de Fuego, detiene*. Alabado sea Dios por esos momentos cuando Él detiene el avance del enemigo contra nosotros, como en esas ocasiones en que un equipo de refuerzo bloquea un camino para contener y restringir a un criminal violento. El bloqueo (o muro) detiene el avance del criminal. Y fíjese que esa misma nube de "gloria de fuego" que aisló a Israel durante su travesía por el desierto también detuvo a los egipcios que venían detrás de ellos por el Mar Rojo. En Éxodo 14:19-21 se relata cómo la nube, literalmente, fue "un muro de separación" entre los hijos de Israel y los ejércitos de Faraón. Lo que para los israelitas era nube que alumbraba de noche y los conducía hacia su liberación, para los egipcios eran tinieblas que les bloqueaban el paso.

Por lo tanto, amado, regocíjese al contemplarlo hoy. No importa lo que haga o adónde vaya, el Muralla de Fuego está con usted.

ORANDO EN ESTE NOMBRE

Solamente quienes aprendan a orar en el nombre de Jesús, vivirán en el poder de su nombre. Esa es la razón por la cual es tan importante que nos demos cuenta que la oración en el nombre de Jesús es mucho más que una mera mención de una frase de cinco palabras al finalizar una oración. El orar en el nombre de Jesús significa tomar la realidad de la naturaleza y carácter de Dios como se ve en ese nombre o título en particular de nuestro Señor y saturar de Él nuestra oración. Más aun, debemos tomar consciencia que todo lo que Dios es, también Cristo lo es. En Él habita toda la plenitud de Dios (Colosenses 2:9). Emplear el concepto de nuestro Señor como muro de fuego en nuestra oración, es reconocer que para los habitantes espirituales del mundo invisible (fuerzas demoniacas), Cristo representa, verdaderamente, todo lo que un muro de fuego es en el campo físico. Por eso, orar en el nombre de Jesús, Muro de Fuego, es meterse bajo la nube de su presencia mientras oramos.

Es orar como Catalina de Siena, quien viera a su Salvador, Muralla de Fuego, seis siglos atrás.

> Oh Eterno Dios, inmenso amor. ¿Qué más puedes darme que a ti mismo? Eres el fuego que arde constantemente sin ser consumido jamás. En tu llama abrasadora consumes el egoísmo; eres el fuego que quita el frío; con tu luz iluminas para que yo pueda conocer toda tu verdad. Abrígame, abrázame con tu ser, verdad eterna, para que pueda vivir esta vida mortal en plena obediencia y con la luz de tu excelsa santidad.[1]

ORACIÓN PARA HOY

Hoy, Señor,
vengo a la puerta de tu santo templo con alabanza
para darte gracias por tu promesa de protección.
Querido Salvador, como muro
de fuego, cúbreme por completo.

Muralla de fuego

*Oro humildemente para que me
protejas y no salga de tus mandamientos
y me libres del maligno.
Me refugio en tu escudo protector
de provisión, agradeciéndote porque el muro
   que me rodea también me cubre.
Y en cuanto a los puntos en los cuales
el enemigo quiere tomar ventaja de mí,
mis seres queridos, o cualquiera de los tuyos, en el nombre
de Jesús, mi Muro de Fuego,
detiene el accionar del adversario y frena su avance.*

*Mis ojos están puestos en ti,
mi Señor y mi Dios,
quien provee mi protección
y es mi Muro de Fuego.
En el nombre de Jesús.
Amén.*

SANTIFICANDO ESTE NOMBRE

Cada capítulo va a terminar con algunas sugerencias de nombres adicionales y títulos de nuestro Señor. Puede que quiera incluirlos en sus oraciones de alabanzas al reverenciar (santificar) el nombre de Jesús. A continuación aparecen los nombres y títulos que se relacionan con la imagen del Señor como Muro de Fuego.

Afinador y Limpiador: Malaquías 3:3
Escondedero contra el viento: Isaías 32:2
Escudo: Génesis 15:1; Deuteronomio 33:29
Fortaleza mía: Salmo 144:2
Fuego: Isaías 10:17
Fuego consumidor: Hebreos 12:29
Jehová-nisi (el Señor es mi estandarte): Éxodo 17:15
Jehová-sama (el Señor está allí): Ezequiel 48:35
Mi escudo: Salmo 115:11

Cómo vivir y orar en el nombre de Jesús

Protección en Judá: Esdras 9:9
Refugio contra el turbión: Isaías 32:2
Refugio contra la tormenta: Isaías 25:4
Resplandor de su gloria: Hebreos 1:3
Sol y Escudo: Salmo 84:11
Sombra contra el calor: Isaías 25:4
Sombra: Salmo 121:5

2
Un fundamento seguro
Isaías 28:16

ESTABILIDAD

Hollywood, California... mucha gente va allí de todas partes del mundo buscando afanosamente fama, éxito y fortuna. Pero, para muchos, la búsqueda es inútil. Unos pocos "logran" estampar sus manos y rostros en bronce en Hollywood Boulevard. Parecería que estos hombres y mujeres, en términos humanos, han forjado su destino. Pero, al pasar al lado de estos monumentos y mirarlos más detenidamente uno no puede dejar de sonreír irónicamente. La misma vereda donde las codiciosas estrellas han dejado estampados sus rostros, tiene escombros acumulados, está salpicada de barro y tierra pegajosa.

Es un gran contraste con la promesa que Dios le da a su pueblo:

"He aquí, pongo por fundamento en Sion una piedra, una *piedra probada* (Isaías 28:16).

Aquí descubrimos otro título para nuestro Señor, un título que está basado no en el consejo del hombre, sino en el firme consejo de Dios. La vida se levanta de la arcilla frágil de este mundo y se afirma en la roca del seguro propósito de Dios. Su palabra declara:

"Al Señor esperé pacientemente, y Él se inclinó a mí, y oyó mi clamor. Me sacó del hoyo de la destrucción, del lodo cenagoso; asentó mis pies sobre una roca y afirmó mis pasos" (Salmo 40:1-2).

Él premio por andar en este camino firme se encuentra sólo en la palabra de Dios. No hay ninguna estrella de bronce hecha por el hombre esperando para ser estampada en la vereda y deteriorarse por el paso del tiempo. En cambio, como declara Daniel, los redimidos del Señor, aquellos entendidos que han edificado sus vidas sobre el fundamento seguro puesto por Dios, resplandecerán "como las estrellas a perpetua eternidad" (Daniel 12:3).

CONOCIENDO ESTE NOMBRE

¿Qué queremos decir cuando nos referimos a nuestro Señor como "piedra probada"? Todo el capítulo 28 es una declaración concerniente al compromiso de Dios de dar estabilidad a una sociedad inmersa en la incertidumbre. Es aquí donde vemos la revelación de su nombre.

El momento en que se da esta profecía es durante el reinado de Acaz, uno de los reyes más malos de Judá. En el mayor momento de su apostasía, Acaz cerró las puertas del templo del Señor en Jerusalén, una vez vaciado de todos los objetos sagrados dedicados para el servicio sacerdotal. La maldad de Acaz trajo una época de sufrimiento sobre Judá y dos veces experimentaron la derrota: una vez en manos de Peka, rey de Siria y más tarde durante la guerra civil contra el reino del norte de Israel. Esta última derrota tuvo como resultado la muerte del hijo de Acaz y la pérdida de más de doscientos mil hijos de Israel que fueron llevados cautivos (2 Crónicas 28).

En este relato bíblico -donde se describe a las personas que erraron en la visión" y "tropezaron en el juicio" hasta que, finalmente, "caigan de espaldas y sean quebrantados, enlazados y presos" (Isaías 28:7,13)- el profeta toca una contrastante promesa.

Él declara el compromiso del Señor en preparar un camino para que sus escogidos se levanten como un pueblo firme y seguro en medio de la tambaleante inestabilidad que caracterizaba la cultura de aquella época. Por medio de Isaías, el Señor declara: "He aquí que yo he puesto en Sion por fundamento una piedra, piedra probada, angular, preciosa, de *cimiento estable* (Isaías 28:16, itálicas agregadas).

El corazón de la promesa de Dios dada por Isaías es: no importa cuán incierto sea la escena del mundo o cuán resbaladiza sea nuestra sociedad, existe un lugar sólido donde los seguidores de Jesús pueden pararse. Y ese lugar es su nombre... Cimiento Estable.

La fuerza de este título y la verdad que enseña se encuentran en el hecho que es el mismo Dios quien dice echar este cimiento. Esta tarea no se le adjudica a los hombres o los ángeles. Dios es quien se compromete a sí mismo a establecer un lugar donde la vida puede vivirse con estabilidad y seguridad.

En el corazón del creyente nace una tremenda confianza al recibir esta palabra profética. Después de todo, el cimiento se echa como fundamento para construir un edificio y si Dios pone el cimiento, seguramente es porque algo va a construir. Dios no tiene la costumbre de comenzar proyectos que quedan inconclusos. La Biblia dice: "...el que comenzó en vosotros la buena obra, la perfeccionará hasta el día de Jesucristo" (Filipenses 1:6).

Lo que es digno de destacar en este cimiento, no es sólo la promesa que Él proveerá para un futuro desarrollo sino la estabilidad que ofrece de futura durabilidad. Analiza la palabra *estable*.

"Yo he puesto... cimiento estable". La palabra hebrea que se usa acá, *yasad*, se usaba frecuentemente para referirse al establecimiento del fundamento. Pero también se mencionaba en relación a gobernantes o consejeros cuando "se sentaban juntos" para conferenciar. Sugiere la idea que el consejo cuidadoso asegura planes estables, una verdad enfatizada por el escritor de Proverbios, quien declara que "en la multitud de consejeros hay seguridad" (Proverbios 11:14;15:22).

Bajo esta luz, podemos ver algo de la profundidad del fundamento que está poniendo nuestro Señor; cimiento sobre el cual edificamos nuestra vida. Dios no va a construir un cimiento a la ligera, ya que no hay razón para apurarse, especialmente sabiendo que las cosas apuradas, generalmente son inestables.

Verdaderamente, así es, ya que la profecía concluye diciendo: "el que creyere, no se apresure".

VIVIENDO ESTE NOMBRE

Existe algo sumamente llamativo en el mundo que nos rodea. El ansia de la gente por tener anillos de metal, la urgencia por disfrutar placeres momentáneos y largarse a aprovechar las oportunidades. Esta estampida humana es tan persistente que muy fácilmente podemos quedar atrapados y desesperarnos por vivir en lugar de descansar confiadamente, esperando en el Señor hasta que Él nos revele su plan. ¡Cuán importante es recordar la promesa de Dios: "He aquí que yo he puesto en Sion por fundamento... cimiento estable". Daría la impresión que Dios está tratando de llamarnos la atención, de frenar nuestro precipitado andar con las palabras ¡*he aquí*!

-¡Miren! -nos está diciendo- fíjense cuán sólido es el fundamento que he puesto para construir sus vidas y resolver sus problemas; para que tomen sus decisiones y desarrollen sus planes. ¡Miren! Es tierra firme, suelo estable, fundamento sólido. ¡En mi nombre encontrarán la estabilidad!

ORANDO EN ESTE NOMBRE

Verdaderamente que la estabilidad es una cualidad del nombre de Jesús. Orar en el nombre de Jesús es acercarse a su trono con plena seguridad. Es orar como lo hizo Tomás de Aquino, quien confiadamente pidió:

Un fundamento seguro

Señor, dame un corazón estable,
que no me deje llevar por las cosas mundanas.
Dame un corazón firme, que no se inmute
ante las tribulaciones.
Dame un corazón estable,
que no se deje tentar y caiga.
Señor mi Dios, permite que te conozca,
que te busque con diligencia,
dame sabiduría para encontrarte
y fidelidad para que finalmente pueda abrazarte.
Por Jesucristo nuestro Señor. Amén.[1]

Cuando usted haga peticiones similares, piense en aquellas áreas de su caminar cristiano donde no haya inestabilidad. Considere las horas inmediatas que tiene por delante y pídale al Señor que le revele los posibles puntos peligrosos. Luego, reclame el nombre de Jesús para estas circunstancias. Declare que el nombre de Jesús va delante suyo por fe y ponga estabilidad en esa situación aun antes que suceda. Ore como lo hizo Juan Wesley antes de embarcarse en una particular misión peligrosa:

> *Señor, conduce nuestros pasos para que no trastabillemos en el mundo, sino que vayamos con firmeza a tu glorioso hogar, sin quejarnos del clima que nos toque soportar o tropezando, salirnos del camino. Generalmente, los vientos son violentos y nuestro propio peso nos empuja hacia abajo. Señor, extiende tu mano, tu mano salvadora y libéranos rápidamente. Señor, enséñanos a usar esta vida transitoria como peregrinos que regresan al hogar amado; que tomemos lo necesario para el viaje y no pensemos en el país extranjero".*[2]

ORACIÓN PARA HOY

Santo Padre,
espero pacientemente delante de ti.
Esta época puede presionarme para hacerme

*perder la sabiduría de esperar.
Puede decirme que, si no me apuro, no llegaré.
Pero yo oigo que tú me dices que me quede
quieto mientras oro en el nombre de Jesús,
que tome mi lugar en el fundamento
firme que tú has puesto para mí.*

*Vengo en oración para confirmar
en este día que "¡mi fe está puesta
nada menos que en ti!"
Querido Señor, afirma mis pasos en
este día, que el fruto de mi vida perdure
debido a que mi andar está llevado por tu consejo.
Oro en el nombre de mi Cimiento Estable,*

Jesús,

tu Hijo,

mi Salvador.

Amén.

SANTIFICANDO ESTE NOMBRE

Apoyo: 2 Samuel 22:19; Salmo 18:18
Cimiento: Isaías 28:16
Fiador: Hebreos 7:22
Fortaleza: Nahum 1:7, Salmo 18:2
Pacto al pueblo: Isaías 42:6
Poderoso: Salmo 89:8
Refugio contra el turbión: Isaías 25:4
Roca de mi salvación: 2 Samuel 22:7
Roca espiritual: 1 Corintios 10:4
Roca fuerte: Salmo 31:2
Santuario: Isaías 8:14
Torre fuerte: Salmo 61:3

3
Refinador y Purificador
Malaquías 3:3

CRECIMIENTO

Lleno de remordimiento, el pequeño Juancito, de cinco años, iba al baño a lavarse las manos. Cinco minutos antes, el niño se había negado rotundamente a lavárselas, casi hasta el punto de rebelarse, hasta que su mamá lo amenazó con darle una buena paliza.

Unos minutos después su mamá pasó por el pasillo y por una hendija en la puerta del baño vio a Juancito murmurando. Estirándose para llegar al lavabo y con las manos enjabonadas hasta las muñecas, el niño repetía: "Jesús y los gérmenes. Jesús y los gérmenes. Eso es lo único que oigo acá. ¡Y nunca vi ninguno!"

El propósito de Dios para cada alma redimida de este lado del cielo es la pureza espiritual y el crecimiento. Él anhela limpiarnos de los "gérmenes" espirituales que nos roban la pureza.

Por ello, a veces, nuestra fe es "probada con fuego", como sugiere Pedro (1 Pedro 1:7).

En sus *Sermones*, Phillips Brooks explica: "¡De qué extrañas canteras y pedregales están extraídas las piedras del muro celestial! Sacadas de las colinas de la humillación del orgullo, de las profundidades de la desesperación, de la sucia atmósfera de la falta de cuidado, de los crueles contactos que el hombre tiene con el hombre, de almas maltrechas, de lugares comunes y maneras sencillas... con eso es con lo que Dios está levantando las columnas de su templo".[1]

Ciertamente, Dios siempre nos está atrayendo hacia su fuego purificador para que nos parezcamos a Él. Y con toda seguridad hay en nuestra naturaleza mucho más que deba ser purificado. Como lo expresara Tomás Kempis en *The Imitation of Christ*, "no he encontrado todavía ninguna persona religiosa tan perfecta que alguna vez no se haya apartado de la gracia y tampoco he visto a ningún santo tan extasiado que no haya sido tentado. Esa persona no es digna de contar con un don tan elevado de contemplación que no haya sufrido alguna tribulación por Dios".[2]

"Por cuanto todos pecaron y no alcanzan la gloria de Dios" (Romanos 3:23). Y aun después de haber entregado nuestra vida a Cristo, se nos recuerda con frecuencia que somos humanos.

Muchos pueden identificarse con el rótulo que dice: "No me metas en tentación. ¡Puedo encontrarla solo!" Estoy seguro que todos los cristianos comprometidos estarán de acuerdo: necesitamos un medio limpiador y purificador que nos ayude a crecer. ¡Y en el nombre de Jesús, nuestro Refinador y Purificador, tenemos ese medio!

CONOCIENDO ESTE NOMBRE

Malaquías nos pinta un cuadro de nuestro Señor, Refinador y Purificador (Malaquías 3:3). Él da la descripción de manera profética para tratar con gente quejosa que se ha olvidado de la fidelidad de Dios. Pasaron los años y nació una nueva generación de israelitas; una generación tan centrada en sí misma y egoístamente preocupada por sus propios intereses que el servicio al Señor era, en el mejor de los casos, una formalidad, y en el peor, la participación de mala gana.

Refinador y Purificador

Repetidamente el Señor les habló por medio del profeta Malaquías, exhortando al pueblo al arrepentimiento sin obtener resultado alguno.

"Por demás es servir a Dios" (Malaquías 3:14). Cuando el Señor retó su indiferencia en relación al altar del sacrificio (sobre el cual el pueblo depositaba ofrendas impuras), esos "santos" que se servían a sí mismos parecían estar preguntando: "¿de qué estás hablando?" (Malaquías 1:6).

Esta escena del último libro del Antiguo Testamento nos muestra a un pueblo acostumbrado a seguir las ordenanzas de Dios pero sin querer crecer. Pero, en medio de este cuadro de gente pasiva que se resiste a aceptar la corrección del Señor, suena la promesa de Dios: "Vendrá súbitamente a su templo el Señor" (Malaquías 3:1).

Él dice que su visita se acerca y su presencia será como un fuego purificador, como cuando el refinador trabaja con sus metales preciosos. La profecía proclama que "Él es como fuego purificador, como jabón de lavadores" (Malaquías 3:2).

¡En definitiva, el Señor se compromete a trabajar con gente que lo deje hacerlos crecer! Y ahora, como entonces, Él busca santos que estén dispuestos a dejar que Él refine su carácter al tiempo que purifica sus vidas.

VIVIENDO ESTE NOMBRE

Las dos imágenes de nuestro Señor que se presentan en este capítulo, fuego y jabón, cálidamente nos invitan a confiar y nos apremian a dejar que el Señor haga su obra en nuestra vida... todo el día, no sólo al concluir la oración. Necesitamos vivir en la doble realidad de Cristo como Refinador y Purificador.

Primero, *La imagen del jabón de lavar nos trae a la mente el proceso diario de lavar la ropa.* Todos hemos tenido la experiencia de ver qué sucede cuando ponemos la ropa en el agua, le agregamos jabón y empezamos a lavar. Dejando la ropa el tiempo suficiente, el jabón penetrará en el tejido y lavará la prenda.

Esta simple lección es alentadora. Si tan solo dejásemos que la presencia de Jesús nos penetre hasta donde está la suciedad, en cualquier momento, cualquier día, Él nos limpiará.

No se trata de recitar algún encantamiento sagrado o asistir a programas religiosos de superación personal. No es más que la simple invitación de Jesús a la parte impura de nuestra vida. Puede que te dé vergüenza invitarlo ahí, pero Aquel que dejó la excelencia del cielo para exponerse a la contaminación de la tierra no se amedrenta por la presencia o el poder del pecado. "Mayor es el que está en vosotros" (1 Juan 4:4). Si su mente, su corazón, sus costumbres o sus acciones están contradiciendo los deseos de Dios para que usted crezca, invite a Jesús a entrar en esas fallas, en el mismo nudo de la impureza. Él es como jabón de lavadores. Su presencia, como reza la vieja publicidad: "¡acaba definitivamente con la suciedad!"

Segundo, la imagen del refinador de metales en Malaquías 3:3 representa la bondad de nuestro Señor. El jabón actúa con fuerza, pero la mano del refinador trabaja con sensibilidad. Los metales, hasta las sustancias preciosas como el oro y la plata, se refinan sacándoles las impurezas. Eso se logra derritiendo los metales. Como resultado de la fundición, las impurezas (o escoria) afloran a la superficie. El afinador entonces, retira paciente y cuidadosamente la "escoria" de la superficie, trabajando hasta que quede pareja y perfecta como un espejo. Si se le da mucho calor, el metal se quema; si se le da poco, no desaparecen todas las impurezas. El refinador más fino es aquel que aplica con sensibilidad el calor adecuado para realizar la tarea y que ejercita toda su paciencia para remover todas las impurezas hasta que la superficie luzca como un espejo en el cual el Refinador pueda mirarse.

ORANDO EN ESTE NOMBRE

Aunque la obra purificadora de Dios está actuando continuamente en nosotros, es durante la oración que tomamos conciencia de su plena realidad. Frecuentemente, es en la oración

Refinador y Purificador

donde Dios nos revela las áreas donde necesitamos crecimiento. Cuando oramos en el nombre de Jesús, nuestro Refinador y Purificador, sensibilizamos nuestra sentidos al suave "escrutinio" del Espíritu Santo, y dejamos que afloren a la superficie estos pecados secretos. Esta clase de oración es similar a la oración que formulara Cristina Rossettis un siglo atrás:

> Tu presencia, como el viento, nos impulsa hacia adelante.
> Como la paloma, nos remonta hacia el cielo.
> Como el agua, purifica nuestro espíritu
> Como la nube, cubre nuestras tentaciones.
> Como el rocío, revive nuestra languidez.
> Como el fuego, limpia toda nuestra escoria.[3]

Es cierto que, a veces, en la oración, podemos sentir que "el fuego está encendido" o que estamos sentados "sobre brasas celestiales". Por muy incómodo que resulte esto, debemos darnos cuenta que es simplemente nuestro Refinador y Purificador trabajando para "nuestro crecimiento". Está trayendo a la superficie aquellas cosas que tienen que ser expulsadas, limpiadas.

No tema dejar que el Señor, por medio de sus oraciones, queme todo aquello que empañe que su gloria se refleje en usted. Jorge Whitefield visitó en una oportunidad una fábrica de vidrio y observó al trabajador en su tarea. El hombre tomaba una porción de vidrio y la colocaba en una llama, luego en otra y finalmente, en una tercera. Whitefield le preguntó el motivo por el cual era necesario que el vidrio pasara por tantos fuegos. El forjador de vidrio le contestó: "bueno, señor, el primero no era lo suficientemente caliente, tampoco el segundo; por lo tanto, lo pusimos en una tercer llama y esa le dio la transparencia".

Pidámosle hoy a Dios en el nombre de Jesús, Refinador y Purificador una nueva tansparencia.

> Oh Señor, la habitación de mi casa es angosta,
> ensánchala para que tú puedas entrar.

Está en ruinas. ¡Repárala!
A ti, así, no te agrada.
Lo confieso; lo sé.
Pero ¿quién la limpiará? ¿A quién clamaré sino a ti?
Señor, límpiame de mis pecados ocultos,
y guarda a tu siervo de pecados ajenos.[4]

ORACIÓN PARA HOY

Señor Jesucristo,
hoy quiero vivir
de la fuente de tu ministerio personal
como mi Refinador y mi Purificador.

Decido dejar que me hagas crecer.
Ahora mismo, expongo abiertamente aquellos lugares
donde el pecado infecta mis pensamientos, mis hábitos,
mi manera de vivir.
No sólo te pido tu perdón,
sino que te invito para que tu presencia me lave como
jabón limpiador.
Lava mi alma, mi mente...hoy.

Y, Señor,
donde sea necesario tu bondadoso fuego
    para refinar mi ser, minístralo.
Me abro a Tu ministerio sutil,
Quita toda la escoria.
Saca todo lo que rebaje la calidad
de tu obra eterna en mí.

Y, querido Salvador,
no dejes de obrar hasta que tu imagen se refleje en mí.
Pido esto en tu nombre,
mi Refinador y Purificador.
Amén.

SANTIFICANDO ESTE NOMBRE

Cordero sin mancha: 1 Pedro 1:19
Hierba fresca: 2 Samuel 23:4
Jehová Mecadishenu (el Señor es
   nuestro Santificador) Levítico 20:8
Jesucristo el Justo: 1 Juan 2:1
Mediador de un Nuevo Pacto: Hebreos 12:24
Ministro en el santuario: Hebreos 8:2
Propiciación por nuestros pecados: 1 Juan 2:2
Raíz de tierra seca: Isaías 53:2
Redentor: Isaías 59:20
Rescate: Marcos 10:45
Santo: Isaías 6:3; 57:15
Santo de Israel: Isaías 49:7
Santo de los santos: Daniel 9:24
Santo y Justo: Hechos 2:27; 3:14
Santo y Reverente: Salmo 111:9
Santo y Verdadero: Apocalipsis 6:10
Señor Justicia nuestra: Jeremías 23:6
Vino: Juan 15:1-5

Clavo en lugar seguro
Isaías 22:23

SEGURIDAD

Si dos personas viajan juntas en un mismo avión, al atravesar la nave por una zona de turbulencia, seguramente que ambas van a tener reacciones muy diferentes en cuanto a su seguridad. Aunque estén igualmente seguras, una puede estar llena de temor porque no entiende acerca de la calidad de la nave y cómo fue construida. La otra persona puede que sepa que, a pesar de la violencia de la turbulencia, no puede destruir el avión, y por lo tanto, no tiene miedo. Debido a que esta última conoce muy bien los principios de construcción de la aeronave y entiende las leyes que rigen a la aeronave, está segura.

Sucede lo mismo con quienes comprenden el carácter de Cristo y los principios concernientes al poder de su nombre. Por ejemplo, si nosotros entendemos los principios concernientes a nuestra seguridad en Cristo -especialmente, al poder de su sangre y su superioridad sobre Satanás- entonces, podemos descansar seguros, con gran deleite bajo "la sombra del Omnipotente" (Salmos 91:1). Pero, si pensamos que podemos confiar en Cristo pero nuestra fe es débil, estaremos menos seguros.

CONOCIENDO ESTE NOMBRE

Una completa comprensión de la seguridad que tenemos en el nombre de Jesús se puede examinar en la exclusiva descripción que hace Isaías de nuestro Señor como "clavo en lugar seguro" (Isaías 22:23).

En la antigüedad era costumbre que los reyes vencedores trajesen los trofeos de guerra al templo del dios particular a quien adoraban y los colgasen de un clavo en la pared para exhibirlos. La razón era muy clara. Primero, el trofeo (o botín) era valioso ya que, generalmente, estaba hecho de metales nobles o piedras preciosas. Segundo, los guardaban para demostrar la confianza en su supuesto "dios", quien creían les había dado la victoria y era merecedor de su adoración. Esta costumbre no sólo la tenían los pueblos paganos en la época de Isaías, sino que también la practicaban Israel y Judá.

En la profecía de Isaías vemos con suma claridad este cuadro de la venida del Mesías usando la misma imagen. Aquí el Mesías está representado en la persona de Eliaquim (Isaías 22:20), quien era el mayordomo de la casa real durante el reinado del rey Ezequías (2 Reyes 18:18). La dramática historia, como se desarrolla en 2 Reyes 18 y 19, relata el inolvidable incidente de la amenaza del Rabsaces contra Jerusalén en nombre de Senaquerib, rey de Asiria. El relato histórico de II de Reyes paralelo al de la profecía de Isaías 22:15-25, indicando que se había originado una controversia entre las personas de quien dependía Ezequías. Aparentemente, Eliaquim se mantuvo firme en su fe, creyendo que las promesas de liberación dadas por Dios, vendrían, mientras que Sebna, el cronista, fue maldecido a causa de su descreimiento (Isaías 22:15-19).

En contraste con el sufrimiento y destrucción que padecería Sebna, las palabras de Eliaquim proclamaban que el Mesías vendría a los suyos. La Escritura declara: "lo clavaré como clavo en lugar seguro" (Isaías 22:23). Eso quiere decir: "él será un soporte seguro para todo trofeo de victoria que se traiga a la casa del Dios viviente".

¡Este pasaje es conmovedor! Es un mensaje de certidumbre en la victoria sobre el enemigo; es un mensaje de confianza en que se acopiarán muchos "testimonios de triunfo"; y es un mensaje de seguridad en que esos trofeos de victoria, esas experiencias de triunfo no caerán vergonzosamente a tierra por no tener el soporte suficiente. Nosotros tenemos un "Clavo en lugar seguro".

VIVIENDO ESTE NOMBRE

En nuestro vocabulario actual, son comunes las palabras: "decepcionar", "humillar" y "consecuencias". Cada una describe el indeseable resultado de la inestabilidad de una cosa para sostener el peso de la otra.

"Alguien me decepcionó" expresa el disgusto por no poder contar con una persona. "Verdaderamente, él me humilló" quiere decir que alguien ha sido menospreciado.

La precipitación radioactiva describe las "consecuencias negativas" que deja una explosión atómica en la atmósfera.

Analizando los términos a la luz de la profecía de Isaías, descubrimos algunas verdades interesantes.

Primeramente, el descanso actual en Jesús, nuestro Clavo en lugar seguro", es la garantía que necesitamos para no sentirnos "decepcionados" a pesar de todos los inconvenientes que suframos.

En segundo lugar, como solamente Jesús es nuestra seguridad, no nos preocupamos porque alguien nos desilusione. Finalmente, no hay "consecuencias negativas" que contaminen la tierra ya que estamos seguros en la confianza que Cristo verdaderamente es nuestro Clavo en lugar seguro.

ORANDO EN ESTE NOMBRE

Orar en el nombre de Jesús, nuestro Clavo en Lugar Seguro, es reconocer la plena seguridad que Cristo ha ganado para nosotros al conquistar completamente el poder del pecado, la muerte y el infierno. Es la seguridad que está ilustrada en las acciones de aquellos reyes guerreros de la antiguedad que describe Isaías en la profecía (Isaías 22).

Esos reyes iban al templo para clavar un gancho en un lugar seguro. Por medio de su muerte, resurrección y ascensión, Jesús entró al "Lugar Santísimo" una vez y para siempre, habiendo obtenido redención eterna..."para que los que han sido llamados reciban la promesa de la herencia eterna" (Hebreos 9:12-15).

Cristo nos ha asegurado la promesa del perdón, la misericordia y el poder de Dios. Él ha entrado al templo de Dios y ha colgado estas provisiones de un "clavo firme". Ese clavo es su propia sangre y vida, dos realidades que permanecen inamovibles, sin cambio, infalibles, como "testimonio de su triunfo".

Por lo tanto, orar en el nombre de Jesús, nuestro Clavo en lugar seguro, es entrar a sus atrios y aferrarse a Él, el "clavo firme". Es orar como lo hiciera el cardenal Juan Newman un siglo atrás:

Oh Señor, ayúdanos a lo largo del día, hasta que las sombras se proyecten y llegue la noche y el activo mundo haga silencio y se acabe la fiebre de la vida, y nuestro trabajo haya concluído. Entonces, Señor, en tu misericordia, danos un lugar seguro para descansar en paz; por nuestro Señor Jesucristo. Amén.[1]

ORACIÓN PARA HOY

Padre, al acercarme a tu trono en este día, te doy gracias porque en el Lugar Santo de tu morada donde ahora te estoy adorando, me rodean los testimonios de tu Hijo Jesús y su gran victoria lograda a mi favor.

En el nombre de Aquel cuya victoria completa es un testimonio estable, y cuya victoria -de la cual cuelgo mis esperanzas de mañana- está ganada; descanso seguro, sabiendo que el Clavo en lugar seguro jamás me dejará caer. Te alabo por esta firme seguridad y por tu amor, el cual me la provee. En el nombre de Jesús. Amén.

SANTIFICANDO ESTE NOMBRE

Abrigo: Isaías 32:2
Dios de toda gracia: 1 Pedro 5:10
Fiador: Hebreos 7:22
Fortaleza: Salmo 18:2
Fundamento seguro: Isaías 28:16
Jehová-Elohai (el Señor mi Dios): Zacarías 14:5
Jehová-Shama (el Señor está allí): Ezequiel 48:35
Mi fortaleza: Nahum 1:7
Mi sostén: Salmo 18:18; 2 Samuel 22:19
Refugio contra el viento: Isaías 32:2
Refugio contra la tormenta: Isaías 25:4
Santuario: Isaías 8:14
Sombra contra el calor: Isaías 25:4
Tu sombra: Salmos 121:5

5
Gran luz
Isaías 9:2

GUÍA

En *The Electronic Church*, el arzobispo Fulton J. Sheen, escribió: "Dios no se muestra a todas sus criaturas por igual". Eso no significa que Él tenga favoritismos, que quiera ayudar a unos y abandonar a otros, sino que la diferencia es dada porque para Él es imposible manifestarse a algunos corazones bajo las condiciones impuestas por Él mismo. La luz del sol no hace distinciones, pero sus rayos se reflejan de manera muy diferentes sobre un lago y sobre un pantano".[1]

Ciertamente que Dios está siempre buscando a aquellos que están dispuestos a descorrer el velo de su corazón para recibir el completo beneficio de su guiadora presencia como la "Gran Luz".

Simplemente, está buscando oidores. Como advierte Francois Fenelon en *The Spiritual Letters*: ¿Qué espera que Dios le diga con suave y amable voz interior a su alma cuando usted está haciendo tanto ruido con sus reflexiones apresuradas? Guarde silencio y Dios volverá a hablar"[2]

CONOCIENDO ESTE NOMBRE

Pocos profetas del Antiguo Testamento captaron la visión de la venida del Mesías como lo hizo Isaías. Por la revelación del Espíritu Santo, Él describió a Cristo como: nacido de una virgen (7:14), siervo ungido por Dios (42:1), varón de dolores (53:3), Redentor (59:20), se lo llamaría Admirable, Consejero, Padre Eterno Príncipe de Paz (9:6).

Pero, en medio de estos nombres y títulos en referencia al Mesías por venir, la designación de Gran Luz parece ser más un hecho que una característica. Es importante pensar cuidadosamente en este aspecto de la personalidad de nuestro Salvador ya que en Él descubrimos una verdad vital para vivir la vida cristiana que depende diariamente de la dirección de Dios.

Sin pretención ni vanidad, Jesús les dijo a sus contemporáneos: "Mientras estoy en el mundo, yo soy la luz del mundo" (Juan 9:5).

Vale la pena recordar el entorno en el cual Él dijo estas dramáticas palabras. Jesús estaba por sanar a un ciego de nacimiento. En cierta medida, la condición del hombre nos afecta a todos. Todos nacemos con un "defecto de nacimiento"; no podemos ver con claridad la voluntad y el camino de Dios para nuestra vida. Es solamente después de encontrarnos con Jesucristo que nuestra visión se aclara. La Escritura declara que "el que no nace de nuevo no puede ver el reino de Dios (Juan 3:3). Es sólo a la luz de la persona, presencia y poder de Cristo que recibimos el conocimiento de Dios (percibimos su llenura y su realidad así como nuestra necesidad de Él). El salmista dice: "en tu luz vemos la luz". (Salmo 36:9)

La profecía que Isaías trae concerniente a la gran luz habla aun más específicamente a nuestra necesidad que a la simple promesa de una luz reveladora enviada para revelarnos a Dios. La bendición en las palabras de Isaías tiene que ver con una lección aprendida en la referencia geográfica que él hace. Leemos: "...la tierra de Zabulón y la tierra de Neftalí...por el camino del mar, al otro lado del Jordán, Galilea de los gentiles" (Isaías 9:1).

Gran luz

Toda la confianza de esta promesa profética (la luz que alumbrará a la gente que está en tinieblas) se refiere a los habitantes de la tierra más allá de Jerusalén. Zabulón y Neftalí eran regiones tribales en el lejano norte cuyas fronteras estaban más lejos de la capital de la nación que la tribu de Dan. Se agrega mayor información al decir "Galilea de los gentiles", término utilizado a causa de la gran cantidad de ciudadanos que habitaban esa región y que no estaban bajo el pacto de Israel, el pueblo de Dios. Y en ese contexto surge esta declaración, una verdad que ayuda a entender lo que significa vivir (y orar) en el nombre de Jesús, la Gran Luz.

VIVIENDO ESTE NOMBRE

La Escritura usa la imagen de la luz para asegurarnos las muchas bendiciones vitales de salud espiritual. Sin embargo, ninguna de ellas es de tan grande significación práctica para el diario vivir del cristiano, como la guía divina. Con frecuencia, la Biblia une la guía con la luz. "Lámpara es a mis pies tu palabra y lumbrera a mi camino" (Salmos 119:105) "Y dijo Dios: Sea la luz" (Génesis 1:3).

De la misma manera en que Dios "habló" y fue la luz, corriendo, trayendo un nuevo mundo y un nuevo crecimiento, Dios todavía pone "luz" en la confusión y las tinieblas de nuestras circunstancias cotidianas. Él está disponible para mostrarnos el camino, para guiarnos a su luz, para desvanecer las tinieblas que nos rodean.

Pero, tan cierto como son estas promesas, hay algo más personal e inmediato para nuestro clamor humano de toque personal. En las palabras de la profecía de Isaías, la luz no sólo es hablada, sino que es personificada. ¡Esa luz es el Mesías! ¡Su presencia resplandece! Donde Él está, hay luz, simplemente, porque Él está. Andar en Jesús es andar en su luz.

¿Y qué quiere decir todo esto en términos prácticos? Considere la realidad de la penetración de esta luz. El resplandor de Cristo llega hasta la "gente que está en tinieblas". Si la luz fuese de baja potencia, no disiparía las tinieblas que rodean a esa gente. La Escritura declara: "El pueblo que andaba en tinieblas ha visto gran luz; a los que habitaban en tierra de sombra de muerte, la luz ha resplandecido sobre ellos" (Isaías 9:2). Verdaderamente, cuántos podemos identificarnos con esta situación. Todos hemos pasado por períodos de depresión, debilidad o condenación que nos han envuelto como en una nube. Pero, de pronto, Jesús -nuestra Gran Luz- atraviesa la nube con su presencia radiante y experimentamos una nueva visión cuando el resplandor de la bondad de Dios barre la nube de opresión.

Más allá del poder de penetración de la luz, está su capacidad para multiplicarse. Inmediatamente después que Isaías describe la venida del Mesías como la Gran Luz, dice: "multiplicaste la nación, aumentaste su alegría; se alegran en tu presencia como con la alegría de la cosecha...(Isaías 9:3). El mensaje es obvio. Cuando la nube de opresión se disipa, su lugar es ocupado por el crecimiento así como el sol hace madurar el fruto hasta su plenitud.

Verdaderamente que no hay nada tan sofocante como el manto de sombría pesadumbre que se apodera de un espíritu en momentos de disgusto, desgracia o desilusión. Una angustiada desesperación embarga al ser humano, acompañada por la infertilidad que frecuentemente existe en la oscuridad. De pronto, parece como que todo alrededor nuestro se pone blanco, palidece y cae como una hoja muerta o un fruto pasado. Sin propósito en la vida, uno empieza a desalentarse y un tenue sentido de desesperanza nos tienta a creer que nunca seremos dignos de hacer nada. Pero el Espíritu de Dios anhela instilar el victorioso testimonio de Jesús, nuestra Gran Luz. Él quiere convencernos que esta luz trae resplendor, brillo y la radiante habilidad divina para transformar cualquier circunstancia y restaurar nuestro propósito y fructificación. ¡Nuestra Gran Luz multiplicará, incrementará el gozo y dará una cosecha abundante! Es la promesa de Dios cumplida en Jesús, nuestra Gran Luz, y es nuestro privilegio, no sólo vivir en su luz, sino también orar en su resplandor.

ORANDO EN ESTE NOMBRE

Orar en el nombre de Jesús, la Gran Luz, significa enfocar el resplandor de su persona en los aspectos de mi vida donde necesito su guía divina. Naturalmente, esto requiere el proceso de escuchar en oración. El filósofo Soren Kierkegaard puso esto en perspectiva al escribir en su *Journals*: "la persona irreflexiva piensa e imagina que cuando ora, lo importante, en lo que debe concentrarse es en que Dios escuchará lo que ora. Pero, en sentido eterno, es justamente al revés. La verdadera relación en la oración no es cuando Dios escucha lo que se ora, sino cuando la persona continúa orando hasta que ella misma es quien oye; oye la voluntad de Dios"[3]

Una manera más suscinta de decirlo es que, esto es sólo para aquellos que esperan escuchar, porque escuchar toma tiempo.

Por lo tanto, orar en el nombre de Jesús, la Gran Luz, es permanecer el tiempo suficiente en la presencia de Cristo para recibir la revelación de Dios para nosotros "hoy". Y lo mejor que Él tiene para nosotros siempre comienza con una revelación de lo que necesita ser purificado en nuestra vida. Entonces, comencemos nuestra oración en el nombre de Jesús uniéndonos a la oración del humilde niño africano:

Oh Gran Jefe, enciende una vela en mi corazón para que vea lo que hay ahí dentro y limpie la basura de tu morada[4]

ORACIÓN PARA HOY

Guía
Este es mi Salvador, la Luz del mundo,
en quien no hay sombra de cambio ni variación;
es siempre el mismo.
Su nombre es sinónimo de provisión abundante.
El cargó con mi culpa y estoy libre de pecado.
Dentro de mí arde su amor.
Esta potente Luz ilumina mejor el camino a tomar.
¡En su brillante respaldo desaparece el dolor!
La radiante paz que Él me da otorga seguridad
a pesar de los problemas, los malos augurios,

la oscuridad. En Él tengo un lugar de descanso seguro, lo que hace resplandecer de esperanza el mañana.
La luz es la misma en la montaña, en el valle.
Aunque la vida parezca negra, aún así sé que su luz no se ha debilitado con el paso del tiempo,
sólo titila cuando dejo que las lágrimas me abrumen en momentos de temor, cuando soplan los vientos que traen pesadumbre.
Por lo tanto, mira hacia Él, pon los ojos en la Luz para que las sombras de alrededor no sean vistas.
Los cielos se despejarán y brillarán.
Los ojos llorosos y tristes tendrán una nueva visión ya que su mano en tu corazón encenderá la llama de su amor y encontrarás siempre vida abundante.

Jack W. Hayford

SANTIFICANDO ESTE NOMBRE
Amigo más cercano que un hermano: Proverbios 18:24
Buen Pastor: Juan 10:11
Gran Pastor de las ovejas: Hebreos 13:20
Jehová-Roí (el Señor es mi Pastor): Salmo 23:1
Luz de Israel: Isaías 10:17
Luz de los hombres: Juan 1:4
Luz del mundo: Juan:8:12
Luz para los gentiles: Isaías 42:6; Lucas 2:32
Luz se la ciudad: Apocalipsis 21:23
Luz verdadera: Juan 1:9
Mi Lámpara: 2 Samuel 22:29
Mi Pastor: Salmo 23:1
Pastor: Génesis 49:24
Pastor de Israel: Salmo 80:1
Príncipe de los pastores: 1 Pedro 5:4
Tu Luz eterna: Isaías 60:20
Un Pastor: Juan 10:16

6
Un cetro
Números 24:16-17

AUTORIDAD

Un anciano que vivía en las tierras pertenecientes a un hombre de la nobleza inglesa estaba acostumbrado a usar un camino privado del rico barón para dirigirse a la iglesia de las inmediaciones. El hombre gozaba de una pobre salud, por lo que ese camino le era muy conveniente. Desafortunadamente, un mal vecino le informó al barón acerca de esta transgresión y el hombre decidió pescar al intruso.

Un día, cuando el anciano enfermo iba de camino a la casa de Dios, casi tropieza con el barón en cuanto puso el pie en el camino privado.

—¿Qué derecho tiene para ir por acá? —le preguntó el barón.

—Ningún derecho, señor —le contestó el santo— pero, pensé que a usted no le importaría que un anciano que ha vivido en sus propiedades por tantos años, use su camino para ir a la casa de Dios, especialmente, que queda tan lejos yendo por el otro lado.

—¡Deme su bastón! —exigió el barón con dureza. El tembloroso anciano se lo dio, sin saber a qué atenerse. Para su sorpresa, el elegante caballero, con una amable sonrisa, le entregó su propio bastón, hermosamente adornado en oro en la empuñadura.

-Aquí tiene, buen hombre -dijo el barón con amabilidad-. Si alguien le pregunta con qué derecho usa este camino, muéstrele la empuñadura del bastón con el emblema de familia y dígale que yo se lo di!

Así sucede con Jesús, quien nos ha dado el privilegio y el poder de usar su nombre. Más aun, de acuerdo con Números 24: 16-17, nuestro Señor se describe como "Cetro" para todos aquellos que elijan vivir y orar en su nombre.

CONOCIENDO ESTE NOMBRE

Un cetro es una vara, una insignia de poder, un bastón de mando que usa un rey como símbolo de autoridad. Los cetros vienen en distintos tamaños y, usualmente también, son de madera recubiertos con metal valioso y adornado con piedras preciosas. En el Salmo 74:2 y Jeremías 51:19, a Israel se la describe como *shaybet* palabra hebrea para cetro que en la Biblia de las Américas se traduce como "tribu de su heredad". El versículo siguiente explica que Dios va a usar a Israel como su instrumento ("maza", "arma de guerra") con la cual Él destrozará a sus enemigos (Jeremías 51:19-23).

Por lo tanto, un cetro puede significar algo más que un simple objeto; se puede referir a la persona investida de autoridad. Eso también es cierto en nuestra época. Por ejemplo, en tiempos modernos en Inglaterra, la expresión "dotar de cetro" se usa para investir de autoridad a un monarca, otorgándole soberanía y autoridad real.

Es interesante que una de las más claras profecías acerca de la venida del Mesías que encontramos en toda la Escritura (y nuestro texto para esta lección) está dada por uno de sus representantes más ambivalentes: Balaam. Varias promesas acerca del Mesías provienen de sus labios. Pero, como Judas, Balaam, quien pareció comenzar en el Espíritu, cayó en pecado y murió trágicamente. Pero es Balaam quien profetiza: "una estrella saldrá de Jacob, y un cetro se levantará de Israel que aplastará la frente de Moab y derrumbará a todos los hijos de Set" (Números 24:17).

La importancia de esta profecía en el momento en que se dio era que Moab era el más cercano obstáculo que obstruía el progreso de Israel en el desierto. De camino a su prometida posesión, Israel había encontrado obstaculizado el avance por la tribu de Moab. En esta profecía, Dios estaba diciendo que este adversario presente, sería derribado al final a causa del prometido gobernante -un Cetro- que se levantaría algún día de Israel.

Todo erudito bíblico reconoce que esta profecía se refiere al Mesías por venir. Cristo es ese Cetro de autoridad. Él mismo declara: "Toda autoridad me ha sido dada en el cielo y en la tierra" (Mateo 28:18).

Pablo agrega: "Él es la cabeza...a fin que Él tenga en todo la primacía. Por lo tanto, habiendo sido "exaltado a la diestra de Dios" (Hechos 2:33) el mismo Cristo ha llegado a ser la representación -el Cetro Encarnado- de la plena autoridad de Dios sobre todas las cosas, en este mundo y en el venidero, incluyendo la tierra, los cielos y hasta el mismo infierno. Como proclama el coro de "Señor del cielo, Señor de la tierra de Kathe Wood:

> Él es Señor del cielo,
> Señor de la tierra;
> Señor de todo lo existente.
> Señor del cielo,
> Señor de la tierra;
> Señor de todo lo que vendrá.

VIVIENDO ESTE NOMBRE

Nuestra mejor comprensión del significado práctico de Cristo, nuestro Cetro de autoridad, tal vez se resume mejor en el conmovedor relato de Ester, una joven que se enfrentó a la crisis de un potencial holocausto unos cuatrocientos años antes de Cristo. Mientras esta joven judía era coronada reina, esposa de Asuero, el rey de Persia, se había dispuesto aniquilar a todos los judíos que vivían en el imperio. Naturalmente, Ester quería pedir justicia y liberación para su pueblo, pero se enfrentaba a un serio problema. El acceso a la cámara del rey se lograba sólo por invitación; inclusive para una reina. Corría el peligro de que le diesen muerte si entraba a la sala del trono sin ser invitada. Pero la urgencia de la crisis no podía aguardar una invitación.

El libro lleva el nombre de la reina que se aventuró a entrar por iniciativa propia. Durante unos excitantes momentos, el destino de toda la nación depende de este equilibrio. De repente, Asuero actúa. Amorosamente, el extiende su cetro e invita a Ester para que se acerque y lo toque. La acción de extender el cetro significaba que Ester contaba con la aprobación del rey y que no tenía más que pedir lo que quería. La reina había tocado el símbolo de autoridad y todo el poder representado en ese cetro estaba a su disposición.

ORANDO EN ESTE NOMBRE

Lo mismo sucede cuando venimos al Padre en el nombre de Jesús, nuestro prometido Cetro; nuestro acceso al Lugar Santísimo está asegurado con una abierta invitación. "Acerquémonos con confianza al trono de la gracia..." (Hebreos 4:15) y por su grandeza podemos enfrentar nuestros obstáculos en la autoridad de su nombre, nuestro Cetro.

Orar con esta clase de autoridad es orar como lo hiciera Martín Lutero en 1540 cuando su mejor amigo, Frederick Myconius se estaba muriendo. Los médicos que lo atendían le habían dado unos pocos días de vida, por lo que le escribió a Lutero una carta de despedida, animando a su amigo.

Cuando Lutero la recibió, se sintió tan mal de que Frederick Myconius pudiese estar pensando en morirse en un momento tan crucial en el proceso de la Reforma que, inmediatamente, se sentó y le escribió una osada respuesta. Confiando en

Un cetro

que Dios podría mantener con vida a su amigo por lo menos el tiempo suficiente para que recibiera su respuesta, Martín Lutero redactó estas pasmosas palabras: "Te ordeno, en el nombre del Señor, que vivas. ¡Todavía te necesito en el trabajo de reforma de la iglesia! El Señor no dejará que te vea morir, sino que tú me sobrevivirás". La corta, pero precisa carta, concluía: "Estoy orando por esto. Esta es mi voluntad y espero que se haga mi voluntad... ya que sólo busco glorificar el nombre de Dios".

No sólo que Myconius vivió lo suficiente como para recibir la carta de Lutero, sino que en el momento en que la leyó, sintió que la autoridad de las palabras del reformador eran como si el mismo Dios le hubiese insuflado nueva vida en su cuerpo. A los pocos días Myconius estaba restablecido por completo y, finalmente, vivió dos meses más que Lutero.

La oración actual en el nombre de Jesús, nuestro Cetro, es orar con la plena autoridad que Dios le ha investido a su Hijo. Así como Jesús ordenó el cambio de situaciones con su autoridad, podemos ordenarle a los obstáculos que se muevan con la misma autoridad, simplemente porque este privilegio se ha extendido hasta nosotros. Cuando Jesús les dijo a sus discípulos: "pidan todo en mi nombre" (Juan 14:13-14) Él usó una expresión griega que también puede significar: "hagan un reclamo basado en mi nombre" . Para comprender exactamente lo que Jesús quería decir con esto, baste considerar el informe de la iglesia primitiva y la manera en que los discípulos de Jesús interpretaron lo dicho por Él, ya que Él les habló en su propio idioma.

La primera vez que se registra el "reclamo" o el "uso" del nombre de Jesús, se halla en Hechos 3 donde encontramos a Pedro y Juan yendo a orar al templo. Al acercarse a la puerta, un hombre cojo les pidió ayuda financiera. Con firmeza, Pedro toma lo que se podría llamar, una decidida "postura de oración" (Hechos 3:6). Y aunque algunos podrían cuestionar si esto es siquiera una oración, claramente él ejercitó "el poder del abogado" dado por Cristo a sus discípulos en el Aposento Alto unas horas antes de Getsemaní.

Cómo vivir y orar en el nombre de Jesús

Analice cuidadosamente la naturaleza de la oración de Pedro. Él no le pidió expresamente a Dios que hiciera algo en el nombre de Jesús; sino que él mismo hizo el pedido basado en el nombre de Jesús. Empleó la autoridad del nombre de Jesús y le ordenó al cojo que se levantara y caminase. Segundos después, luego que Pedro lo hubiese levantado, un hecho completamente autoritativo, el hombre "dio un salto, se puso en pie y andaba" (Hechos 3:8).

El ejercicio de nuestra autoridad en el nombre de Jesús, nuestro Cetro, puede ir más allá del simple hecho de pedirle a nuestro Señor que nos otorgue algo en particular. Puede significar que podemos ordenar que cambien ciertas situaciones en el nombre de Jesús, sencillamente, porque Cristo ya nos ha dado esa autoridad. El dijo: "¡Quítate... y no dude en su corazón... le será concedido" (Marcos 11:23).

ORACIÓN PARA HOY

Padre, vengo a ti,
para alabarte y expresarte mi humildad
acerca del hecho de que ya tú has hecho los arreglos
  para mi exaltación.
A veces, me resulta una carga abrumadora;
cuando pienso cuán fácilmente compartes el poder
de tu trono con tus redimidos.

Hoy abro mi vida a tu Espíritu Santo
para que me ayude a vivir en la dimensión
  del nombre de Jesús, el Cetro.
Extiendo mi mano para tocar tu poder y autoridad,
para que mis necesidades y mis temores puedan ser
doblegados con tus recursos admirables.
Señor Jesús, te toco con la gratitud
de saber que se te puede alcanzar,
que tú conoces mis sentimientos, y que eres sensible
a cada necesidad, dolor o clamor.

Espíritu Santo, tu asistencia es bienvenida.
Ayúdame a vivir en el nombre de Aquel

*que es mi Cetro,
para que yo pueda sobreponerme a todo poder
y dominación que intente
abatirme o derrotarme.*

*Por medio de la victoria y el poder de Jesús,
tomo el lugar de autoridad que Él me ha dado,
ya que vivo en Él.
¡En el nombre de Jesús!
Amén.*

SANTIFICANDO ESTE NOMBRE

Bienaventurado y único Soberano: 1 Timoteo 6:15
El que tendrá dominio: Números 24:19
Espada afilada: Isaías 49:2
Gloriosa diadema: Isaías 28:5
Gobernante: Miqueas 5:2
Hermosa corona: Isaías 28:5
Jehová-Nisi (el Señor es mi estandarte): Éxodo 17:15
Poderoso cetro: Salmo 110:2
Príncipe de los príncipes: Daniel 8:25
Retoño del tronco de Isaías: Isaías 11:1
Rey de gloria: Salmo 24:10
Rey de los Santos: Apocalipsis 15:3
Rey de reyes: Apocalipsis 17:14
Rey sobre toda la tierra: Zacarías 14:9
Señal para los pueblos: Isaías 11:10
Testigo fiel: Apocalipsis 1:5
Trono glorioso para la casa de su padre: Isaías 22:23

7
Espíritu que da vida
I Corintios 15:45

VITALIDAD

Años atrás, un ministro cometió un gran error al realizar un servicio funeral. Estaba delante del ataúd donde yacía el cuerpo del hermano muerto. Señalando al muerto y hablando sombríamente, el predicador dijo: "este cadáver ha sido miembro de mi iglesia por diez años".

Tristemente, la iglesia parece estar llena de cadáveres espirituales a los que les falta vitalidad divina. Puede que asistan a la iglesia, que lean la Biblia de vez en cuando y hasta que oren, pero les falta una verdadera calidad de vida espiritual. Estos cristianos no son muy diferentes a una niña que intentó un día describir el sermón a sus padres, ya que éstos no pudieron asistir al templo esa mañana:

-No me acuerdo muy bien lo que predicó, pero creo el texto era: "muchos eran fríos y pocos los congelados."

Pero, gloria a Dios, amado, que se aproxima el deshielo para quienes aprenden a orar en la energía y vitalidad del nombre de Jesús, "Espíritu que da vida" (1 Corintios 15:45). Toda la energía divina que mana de la esencia de Dios está disponible en el nombre de Jesús, y Dios nunca se "adormecerá ni dormirá" (Salmo 121:4). Como observara Henry Ward Beecher: "el ser más profundamente pensativo y activo en el universo es Dios. Él nunca se cansa de trabajar".[1]

CONOCIENDO ESTE NOMBRE

Hay una frase inquietante en la profecía de Isaías que cautiva la imaginación. "Dejad de considerar al hombre, cuyo soplo de vida está en su nariz" (Isaías 2:22). En este pasaje Dios le está anunciando a su mensajero Isaías que la fortaleza, el orgullo y la pompa del hombre finalmente se acaban. Eso se ve en: "deja de confiar en el hombre... soplo y nariz". La frase poética sugiere, obviamente, la siguiente paráfrasis: "no dependas de alguien cuya fuente de recursos y energía es el aliento común del simple ser humano". Si su aliento pasa sólo por su nariz, no tiene la vida que procede el Espíritu de Dios.

Contrastando con las limitaciones del ser humano de respirar (solamente aire), el escritor a los Corintios señala otra dimensión de energía; el soplo del Espíritu Santo que porviene de la persona de Jesucristo. Pablo escribe: "Así también está escrito: el primer hombre, Adán, fue hecho alma viviente. El último Adán, espiritu que da vida. Sin embargo, el espiritual no es primero, sino el natural; luego el espiritual. El primer hombre es de la tierra, terrenal; el segundo hombre es del cielo" (1 Corintios 15:45-47) Hay dos razas bien opuestas y dos fuentes de fortaleza. Primero, la raza caída de Adán; una raza creada y sostenida por el aliento de vida.

Segundo, está la raza renacida en Cristo, un pueblo redimido y sostenido por el soplo del Espíritu Santo.

Todos nosotros experimentamos la primer fuente. Desde la creación, desde que "Dios soplara en el hombre aliento de vida y fue el hombre un ser viviente", todos hemos dependido de nuestro sistema respiratorio para vivir. Si dejamos de respirar unos minutos, sufriremos algún perjuicio en las funciones cerebrales. Si la falta de aire es más prolongada, la muerte es inminente. Somos criaturas "que respiramos por la nariz". Pero existe una dimensión adicional de energía vital ("soplo" de vida sustentadora) disponible para todos los redimidos por Jesús.

Considere los hechos que siguieron a la resurrección de Cristo, cuando Él se les apareció a sus discípulos en el aposento donde estaban escondidos a causa del temor. Es interesante notar una de sus primeras acciones. Una vez cumplido el proceso de salvación por medio de la muerte y la resurrección, Jesús actuaba en calidad de Señor. La Biblia dice: "sopló sobre ellos y les dijo: recibid el Espíritu Santo" (Juan 20:22). Este es un claro paralelo con la primer creación, cuando el Padre creó al hombre y le dio el aliento de vida. Ahora se ha hecho posible una nueva creación. El hijo de Dios bajó del cielo y se hizo Redentor del hombre haciendo posible que el hombre se recobre de las limitaciones impuestas sobre él a causa del pecado y su devastadora caída del orden establecido originalmente. Todo lo que el "primer Adán" pudo haber dejado de herencia a sus descendientes, es superado en el segundo Adán, Cristo el Señor, en vida eterna. A causa de su resurrección, Él ahora trasmite un soplo de vida que da una vitalidad espiritual que sobrepasa los límites del hombre sin redimir.

VIVIENDO ESTE NOMBRE

Alguno de nosotros hemos sido presionados a actuar ante situaciones apremiantes en las que hemos tenido que correr hasta quedarnos sin aliento. Nos hemos detenido, doblando el cuerpo para calmar el dolor. Jadeando en busca de aire, con el pecho y los pulmones ardiendo, hemos llegado hasta el límite de nuestras fuerzas. David describe esta situación con estas palabras: "como el ciervo anhela las corrientes de agua, así suspira por ti, oh Dios, el alma mía" (Salmo 42:1). Y es exactamente allí donde debemos ir. ¡Al Señor!

Nuestro Salvador es Espíritu de vida, aliento revitalizador, soplo resucitador de almas debilitadas. Cuando tu aliento espiritual esté demasiado pesado y te sea imposible andar, probablemente se deba a que estás funcionando solamente en la raza de Adán, una raza cuyo aliento está en la nariz. Lo que necesitamos es "respiración espiritual", y eso es posible en el nombre de Jesús, nuestro "Espíritu que da vida".

ORANDO EN ESTE NOMBRE

Orar en el nombre de Jesús, nuestro "Espíritu de vida" es detenerse periódicamente y tomar una buena bocanada de su refrescante y sobrenatural aire de vida. Es respirar su promesa: "Pero los que esperan en el Señor, renovarán sus fuerzas; se remontarán con alas como las águilas, correrán y no se cansarán, caminarán y no se fatigarán" (Isaías 40:31). Aquí encontramos una promesa de vitalidad espiritual relacionada al Señor. San Francisco de Sales, en su *Introducción a la vida devota*, hace siglos atrás, sugiere:

"solo camina sin interrupción y muy tranquilo; si Dios te hace correr, Él te agrandará el corazón".[2]

Orar en el nombre de Jesús, nuestro dador de vida, es implementar por medio de la oración, el pensamiento de Proverbios 18:21: "muerte y vida están en poder de la lengua". En el nombre de Jesús podemos declarar la muerte de cualquier cosa que nos esté robando la energía y la vitalidad (ya sea física, espiritual o material) y al mismo tiempo declarar vida en aquellas situaciones y circunstancias que lo necesiten. Por ejemplo, en el nombre de Jesús, podemos declarar la muerte al resentimiento que pueda estar minando nuestro matrimonio y dar vida a la relación afectiva que existió una vez, aunque haya desaparecido hace mucho tiempo.

Además, orar en el nombre de Jesús, nuestro dador de vida, significa usar el poder de su nombre para despertar nuestro espíritu en una diaria renovación. Es orar con el salmista: "por amor a tu nombre, Señor, vivifícame" (Salmo 143:11). A esto podemos agregarle la oración de Dwight L. Moody:

Cómo vivir y orar en el nombre de Jesús

"Úsame, mi Señor, para cualquier cosa y en cualquier manera que quieras. Aquí está mi pobre corazón, un vaso vacío; llénalo con tu gracia. Aquí está mi pecaminosa y atribulada alma, vivifícala y refréscala con tu amor. Pon tu morada en mi corazón y que mi boca proclame a los cuatro vientos la gloria de tu nombre; mi amor y todos mis poderes para el avance de tus creyentes; y que nunca sienta la constancia y confianza de mi fe abatida; que en todo momento pueda decir de corazón: "Jesús me necesita, y yo le pertenezco".[3]

ORACIÓN PARA HOY

Señor:
vengo a ti como parte de tu nueva creación.
Te alabo por la renovación a la que me estás conduciendo;
nuevo gozo, porque me perdonas;
nueva esperanza, a causa de tu promesa; y
nuevo amor, porque tú me amaste primero.

Pero, Señor,
estoy bien consciente de las limitaciones de mi carne.
A pesar de ser miembro de la nueva creación
también soy una criatura de la raza de Adán.
Con frecuencia, mi espíritu está dispuesto pero
mi carne es débil.

Vengo a ti en este día para recibir tu soplo,
el aliento de vida de tu Espíritu.
Tú sabes lo que fue cuando soplaste en Adán,
hace mucho tiempo atrás, y surgió la vida.
Señor, dador de vida, ahora sopla tu Espíritu
vivificador en mí.
Que tu Espíritu renueve mis puntos débiles, y, por medio de
tu Espíritu Santo fortaléceme en mi debilidad.
En el nombre de Jesús.
Amén.[4]

SANTIFICANDO ESTE NOMBRE

Cristo nuestra vida: Colosenses 3:4
Cuerno de salvación: Lucas 1:69
Dios de mi vida: Salmo 42:8
El camino, la verdad y la vida: Juan 14:6
El que vive: Apocalipsis 1:18
Fortaleza de mi vida: Salmo 27:1
Juez de vivos y muertos: Hechos 10:42
Lugar de descanso: Jeremías 50:6
Manantial de agua viva: Jeremías 17:13-14
Mi fortaleza: 2 Samuel 22:33
Primicia de los que durmieron: 1 Corintios.15:20
Príncipe de vida: Hechos 3:15
Restaurador: Salmo 23:3
Resurrección: Juan 11:25
Señor de vivos y de muertos: Romanos 14:9

8
La cabeza del cuerpo
Colosenses 1:18

SUPERVISIÓN

Un arquitecto prominente estaba siendo investigado en un tribunal en relación a un edificio que había construido. Uno de los fiscales, intentando distraerlo durante su testimonio, le preguntó: -¿usted es constructor?

-No señor, soy arquitecto -contestó inmediatamente.

-Pero son casi lo mismo ¿verdad?

-Discúlpeme, señor, pero, en mi opinión, son completamente diferentes.

-¡Ah, sí! ¿Podría explicarnos la diferencia?

A lo que el arquitecto respondió -señor, un arquitecto concibe el diseño, prepara los planos, hace los dibujos en escala, es quien tiene la idea del proyecto. El constructor no es más que el que pone los ladrillos o la madera. El constructor es la máquina; el arquitecto es el poder que hace funcionar todo.

-Oh, muy bien, señor Arquitecto. Ahora, después de su ingeniosa distinción entre los dos, quizás pueda decirle a la corte quien fue el arquitecto de la torre de Babel.

La cabeza del cuerpo

El acusado respondió inmediatamente. -No hubo arquitecto, señor. Sólo constructores. Por eso fue que hubo tanta confusión.

Dios sabía que la iglesia necesitaba una cabeza. Es por ello que se le dio a Cristo como cabeza del cuerpo. Él es nuestro supervisor. Y, siendo la cabeza, también es nuestra mente; usando el lenguaje corriente,: "el cerebro de la operación".

Cristo, de hecho, supervisa la creación personalmente. La Escritura declara: "Porque en Él fueron creadas todas las cosas, tanto en los cielos como en la tierra, visibles e invisibles; ya sean tronos o dominios o poderes o autoridades; todo ha sido creado por medio de Él y para Él" (Colosenses 1:16).

En su ensayo *On the Existence of God*, Francois Fenelon escribió: "analicemos la creación visible como querramos, miremos la anatomía de los animalitos pequeños, observemos el grano de maíz que se siembra en la tierra y la manera en que se reproduce y multiplica; analicemos atentamente cómo se abre el pimpollo al sol y se cierra al atardecer y nos daremos cuenta que allí hay mayor planificación y diseño que en cualquier obra humana".[1]

CONOCIENDO ESTE NOMBRE

Si alguna vez viaja a Inglaterra, prepárese para el encuentro con Paddington Bear. Es un personaje muy interesante e humorístico, al estilo de Winnie the Pooh. Su nombre deriva de Paddington Station, una de las principales terminales de tren londinenses donde se dice que este oso de ficción llegó de Perú con un letrero que dice: "por favor, cuide al oso". Y todas las réplicas de los ositos que se venden llevan la misma tarjetita que dice "que lo cuiden".

Hay algo hogareño y conmovedor en esta frase. Todos necesitamos "que nos cuiden" No es sólo una necesidad infantil; los adultos honestos también somos conscientes que nunca dejamos de necesitarlo. Puede resultar algo muy gratificante el descubrir que esa supervisión autoritativa es una función distintiva del ministerio de Cristo. Como declara la

Escritura: "Él es la cabeza de su cuerpo que es la iglesia" (Colosenses 1:18).

Por supuesto, con frecuencia entendemos que este título de nuestro Señor se refiere a su derecho de administrar y dirigir los asuntos de toda su iglesia. Ya sea que estemos tratando con la iglesia en general o con la congregación local, Cristo es el Arquitecto, el Constructor y Señor. Pero examinemos más detalladamente las palabras: "Él es también la cabeza del cuerpo que es la iglesia" (Colosenses 1:18). Esto incluye el liderazgo personal sobre cada miembro de su cuerpo. De la misma manera en que la Biblia describe al marido como "cabeza de la esposa" (Efesios 5:23), destacando que es responsable de su bienestar, así Jesús, nuestra cabeza, está completamente comprometido con cada uno de nosotros, la iglesia, su novia.

Desafortunadamente, en algunas personas existe la tendencia a pensar que el liderazgo tiene que ser autoritario o dictatorial. Es como si creyesen que ser "la cabeza" les da el derecho de ser indiferentes o insensibles hacia quienes están bajo su supervisión. Debido a este malentendido, alguno de nosotros que conocemos a Jesús como nuestro Salvador, tememos aceptarlo como nuestra cabeza.

Este malentendido se manifiesta en la manera en que encaramos la vida. Con demasiada frecuencia tememos traer ciertos detalles delante suyo, reconociendo humildemente su derecho a supervisar y dirigir nuestro comportamiento. Debido a que hemos sido explotados por alguien en autoridad (hasta un padre), en cierta medida sentimos que Cristo pudiese abusar de su asombrosa autoridad sobre nosotros. Si usted se encuentra en esta situación, puede que le ayude a vencer ese temor el hacer una analogía entre su cuerpo y su cabeza.

Su cabeza -centro de poder y reflexión- es el primer ejemplo del cuidado y preocupación por el cuerpo, que cualquier cabeza sobria y sana, emplea. El hecho que su cabeza tenga el poder de controlar el cuerpo no la hace insensible o indiferente a las necesidades, sentimientos o plenitud del cuerpo. Por el contrario, su cabeza: 1) piensa en la forma de mejorar las circunstancias de su cuerpo (superar); 2) percibe aquellas cosas que pueden perjudicar el cuerpo y las evita (protege); y 3) diseña maneras y programas para atender las necesidades del cuerpo (atiende).

Considere estas actividades de su cabeza -superación, protección y atención- y luego pregúntese: "¿Acaso Jesús no se ocupa de su cuerpo como yo me ocupo del mío?"

VIVIENDO ESTE NOMBRE

Debido a que nuestro Señor es omnipresente, debemos reconocer que Él, la cabeza del cuerpo, está siempre con nosotros, sin importar dónde vayamos. Y aunque esta "supervisión" siempre presente, se para silenciosa a nuestro lado, está presente, disponible para todo aquel que reconoce su proximidad. Lamentablemente, muy pocos hemos desarrollado el hábito del hermano Lorenzo, el monje del siglo dieciséis, que aprendió a "practicar la presencia de Dios". Fallamos al darnos cuenta que nuestra "cabeza" espiritual está con nosotros vayamos donde vayamos de la misma manera en que nuestra cabeza física está unida al cuerpo.

Como escribiera el filósofo Soren Kierkegaard en *Journals*: "lo destacable acerca de la forma en que la gente habla de Dios, o de su relación con Dios, es que parecieran creer que Dios no los escucha en absoluto".

Vivir sabiendo que Jesús es la cabeza del cuerpo, es vivir con la plena convicción que somos una parte orgánica de ese cuerpo. Para funcionar "saludables" debemos tener supervisión de la cabeza. Eso significa mucho más que una comunicación casual con Cristo. Analice los verdaderos componentes de la palabra *supervisión*. *Visión* se refiere a la capacidad y la habilidad de percibir o ver. *Super* significa "de arriba". Debido a que Jesús está hoy con nosotros, no importa donde vayamos, tenemos la capacidad de "ver desde arriba". Si miramos con los ojos de Jesús, podemos ver las cosas como Él las ve. Confiar en Jesús, la cabeza del cuerpo, es depender de su supervisión en todo lo que hagamos.

ORANDO EN ESTE NOMBRE

Teresa de Ávila, "la monja orante" del siglo dieciséis, fundó la orden espiritual de monjas llamada de "las Carmelitas Descalzas". Ella buscaba a aquellas que poseían un ansia irresistible de Dios junto a la voluntad de trabajar con todas sus fuerzas. Una de las cortas oraciones de Teresa revela, tanto su naturaleza directa como el reconocimiento de las flaquezas humanas: "¡Que Dios nos guarde de las monjas estúpidas!" Igualmente breve era su oración práctica.

"¡Qué el Señor nos libre de devocionales tontos y de los santos con caras amargadas!"[3]

Y sin embargo, fue esta gigante de la fe quien en los momentos más oscuros de la indulgente iglesia se dio cuenta que Cristo no tenía otra cosa que la iglesia para cambiar el mundo. Fue así que advirtió a su orden religiosa:

> *Cristo ahora no cuenta con otro cuerpo en la tierra sino el vuestro; vuestras manos son las únicas manos que Él tiene para hacer el trabajo, y vuestros pies son los únicos pies con los que Él puede andar en el mundo. Vuestros ojos son lo que Él tiene para que su compasión ilumine un mundo atribulado.*
> *Cristo no tiene otro cuerpo en la tierra que el vuestro*[4]

Orar en el nombre de Jesús, nuestra cabeza, es saber que Él es nuestro supervisor en cada tarea que realizamos. Sólo Cristo es el arquitecto y el constructor en nuestros días. En Él no habrá torres de Babel de confusión porque "Dios no es Dios de confusión, sino de paz" (1 Corintios 14:33).

ORACIÓN PARA HOY

Salvador,
estoy contento de estar unido a ti.
Señor Jesús, qué confianza me da saber que
gozo del privilegio de ser uno contigo.
Y, de acuerdo con la palabra del Padre, estoy completo en ti.

La cabeza del cuerpo

Encaro los desafíos de el día de hoy,
sus problemas
y sorpresas.
Unido a ti, comienzo.
Reconozco que eres mi Cabeza,
capaz de dirigirme,
estás listo a protegerme,
tengo la certeza que me ayudarás y
fielmente me nutrirás.
Alabando tu nombre, la puerta del hoy se abre delante de mí y
no tengo duda en caminar adelante.
Cada paso está dirigido por ti -mi cabeza viviente-,
mi Señor y Salvador, Cristo Jesús,
En tu nombre.
Amén.

SANTIFICANDO ESTE NOMBRE

Alfarero: Isaías 64:8
Autor y Consumador de la fe: Hebreos 12:2
Cabeza de todas las cosas: Efesios 1:22
Cabeza de todo hombre: 1 Corintios 11:3
Capitán del ejército del Señor: Josué 5:14
Dador de la ley: Isaías 33:22
Dueño de casa: Lucas 13:25
Espíritu de justicia: Isaías 28:5-6
Guía: Isaías 55:4
Jefe: Isaías 55:4
Juez de vivos y muertos: Hechos 10:42
Maestro: Mateo 23:8, Juan 13:13
Mi ayudador: Hebreos 13:6
Mi Pastor: Salmo 23:1
Pastor y Guardián: 1 Pedro: 2:25
Tu Guardador: Salmo 121:5

9
Señor de Paz
2 Tesalonicenses 3:16

CONSUELO

San Ignacio de Loyola, en sus *Ejercicios espirituales* escribió: "en momentos de sequedad y desolación debemos ser pacientes y esperar con resignación por la venida del consuelo, poniendo nuestra confianza en la bondad de Dios. Debemos animarnos con la idea que Dios está siempre con nosotros, que Él permite que pasemos por la tribulación por nuestro bien, y que no hemos perdido su gracia por haber perdido el gusto de ella".[1]

El consuelo es el derramamiento de la paz que proviene de la naturaleza divina. Y, como sugiere Loyola, debemos haber perdido el gusto o el sentimiento de la gracia de Dios, pero eso no cambia la naturaleza y el carácter de nuestro Señor. Él es siempre el mismo y su gracia abunda ya sea que la sintamos o no.

Ciertamente, hay momentos en los cuales los argumentos de Satanás tienden a pintar un cuadro del Señor como si estuviera ausente. Pero, como todos los argumentos de Satanás, no son más que mentiras adicionales del "padre de mentiras" (Juan 8:44). Verdaderamente, Dios puede guardar silencio, pero no está ausente. Él siente toda herida y todo dolor. Como aseveró sabiamente Kierkegaard: "Quien conoce a Dios no necesita que otros lloren por él. Se olvida de sus sufrimientos en amor, los olvida tan concienzudamente que nadie sospecha de su dolor, sólo tú, oh Señor, que ves en secreto y conoces cada una de nuestras necesidades y lágrimas derramadas y no te olvidas de nada".[2]

Simplemente diga que quien conoce al Señor conoce la paz, porque Cristo Jesús es el Señor de paz (2 Tesalonicenses 3:16)

CONOCIENDO ESTE NOMBRE

Cuando Pablo terminó de escribir su Segunda Carta a los cristianos de Tesalónica, agregó esta bendición: "Y que el mismo Señor de paz siempre os conceda paz, en todas las circunstancias. El Señor sea con todos vosotros" (2 Tesalonicenses 3:16). Allí encontramos otro nombre para nuestro glorioso Salvador: Señor de paz.

Hay tres cosas acerca de esta bendición que la hacen especialmente deliciosa: su intimidad, constancia y supremacía.

Primero, *note la intimidad del cuadro que presenta Pablo*. El mismo Señor promete darla. No se aplica ningún método de segunda mano para entregarla. Este es uno de los casos en que Jesús no escoge un mensajero angelical para traer su promesa. Él mismo lo hará... un cuadro de suprema intimidad.

Segundo, *note la constancia de la promesa de paz de Pablo*. Leemos: "el Señor siempre os conceda paz". Existen algunos giros imprevistos en el camino de nuestra vida. En algunos puntos a lo largo del trayecto podemos encontrarnos con algunos turbulentos obstáculos y discordancias. Pero Pablo promete que encontraremos siempre paz a medida que avancemos. Ese es un cuadro de auténtica constancia.

Finalmente, *considere la supremacía de la promesa de paz de Pablo*. El apóstol dice: *"El Señor os conceda paz en* todas las circunstancias". Esta no es una paz ordinaria; es una "paz suprema" Note cómo el Creador se compromete a sí mismo a cumplir con su única medida de paz en cada situación complicada en que nos encontremos. Cualquier faceta del diamante de paz de Dios que necesitemos para hacer resplandecer nuestros días o confortar nuestros corazones, Cristo es el Maestro (Señor) de paz y es totalmente capaz de infundir su paz en esas circunstancias. Es interesante notar las muchas veces en que nuestro Señor da alguna promesa en las Escrituras y luego la confirma con una declaración, afirmando que Él es tanto el Señor, Dios, o el Padre de alguna cualidad en particular o trato. Por ejemplo, en 2 Corintios 1:3 leemos: "Bendito sea el Dios y Padre de nuestro Señor Jesucristo, Padre de misericordia y Dios de toda consolación".

Preste atención al "Padre de misericordia y Dios de toda consolación". En otras palabras, misericordia y consuelo no son sólo una promesa sino que están firmemente asegurados en y a través de Aquel que las ofrece y controla sus completos recursos. Esta es la manera bíblica de decir: "nunca faltará misericordia y consuelo, nunca habrá escasez. ¡Dios tiene el monopolio de ambos!"

En 2 Tesalonicenses 3:16 se dice lo mismo acerca de la paz. Cristo es el Señor de Paz y Él es el maestro que administra esa paz. Es por ello que Él puede suministrar la paz ilimitadamente.

VIVIENDO ESTE NOMBRE

La idea básica de paz en griego, es *eireney* e implica unidad o integridad. A veces usamos la palabra *composure* para expresar los sentimientos de una persona para decir "que está unida". Cuando esa sensación de unidad interior se quiebra, lo describimos como "intranquilidad". Es en esa situaciones que Cristo, nuestro Señor de Paz, sopla integridad en tres maneras específicas.

Primero, *Jesús imparte calma en situaciones conflictivas*. Considere las inolvidables palabras de Jesús dirigidas a una recia tormenta: "reprendió al viento; ¡Cálmate! ¡Sosiégate!" (Marcos 4:39).

Su autoridad sobre la creación fue desplegada magníficamente. Ante el asombro de un puñado de asustados discípulos.

"¿Quién es éste que aun el viento y el mar le obedecen?" se preguntaron (Marcos 4:41). El pasaje menciona que sobrevino una gran calma, una calma que fue un segundo milagro. El hecho que cesara la tormenta era milagroso, pero después de una tormenta, las olas continúan agitadas y golpean la orilla durante varias horas. Pero no es así cuando el Señor de Paz dice la palabra de paz. Hay una paz inmediata en el nombre de Jesús. Como poéticamente dice Madame Guyon:

> *No hay ni lugar ni tiempo;*
> *mi país está en todas partes;*
> *puedo estar tranquilo y libre de pesares,*
> *en cualqier costa, sabiendo que Dios está ahí.*[3]

Segundo, *Jesús imparte unidad en situaciones conflictivas*. "Tenemos paz con Dios por medio de nuestro Señor Jesucristo" nos dice Pablo (Romanos 5:1) Cuando la quietud de su alma es perturbada, el último lugar de refugio es su relación con el Padre. Tan básica y fundamental, no existe una mayor verdad en el evangelio que esta: en el nombre de Jesús hemos sido reunidos al corazón de Dios. Y Aquel que inclinó su corazón a nosotros en Cristo, verdaderamente, está entretejido con nosotros por medio de Cristo. No sólo tenemos un Salvador que calma las tormentas de la vida, sino que en Cristo tenemos "un ancla" que nos afirma permanentemente en un muelle seguro (Hebreos 6:19).

Finalmente, *Jesús imparte reconciliación en las situaciones conflictivas*. Pablo escribió en Efesios 2:14: "Él mismo es nuestra paz, quien de ambos pueblos hizo uno..." La belleza de nuestra salvación es que cada atributo de ella, no sólo se nos revela sino que el Espíritu Santo tiene esa misma manera de obrar en y a través de nosotros. Lo mismo que la unidad con el Padre que trae Cristo para nosotros, está diseñada para unificar la gracia en nosotros y con los demás. El Señor de paz puede reconciliarnos con todos aquellos con quienes hayamos tenido desavenencias o dificultades. Efesios 2:14-17 habla de la ruptura de sectarismos, racismo y disensiones religiosas. Hoy en día, no sólo estamos llamados a amarnos los unos a los otros en el nombre de Jesús, sino que se nos ha dado la fuente de la reconciliación por medio de la oración.

Anímate, amado. No hay estrés, ni prueba, ni persona alguna que pueda resistirse victoriosamente a esa oración, invitando al Señor de paz para que ejercite su calma, unidad y reconciliación. Cristo es el Señor de cada situación, y Él gobernará en esas circunstancias hasta que todo esté completamente bajo su señorío.

ORANDO EN ESTE NOMBRE

Cuando oramos en el nombre de Jesús, Señor de paz, pronunciamos la provisión de su paz y consuelo en cualquier situación diaria potencialmente perturbadora. Eso no significa que siempre lograremos cambiar la situación; puede que Dios tenga un propósito específico al permitir las lágrimas y las dificultades. Como predicó Henry Ward Beecher: "Dios lava los ojos con lágrimas hasta que podamos ver nítidamente la tierra invisible donde no hay más lágrimas".[4]

Frederick Faber, en *Spiritual Conferences* agrega: "las dificultades son las piedras conque están construidas las casas de Dios".[5]

Lo que podemos hacer es pedir la paz de Dios para el conflicto.

Puede que Dios a veces permita las dificultades y problemas para que "anhelemos" más de Jesús, nuestro Señor de paz. Y, cuando como resultado de la oración, fluya esa sensación de paz que finalmente llena nuestro ser, no pasaremos por alto el hecho que no es tanto la paz, sino la presencia de Cristo, quien es nuestra paz. En su *Tratado del amor*, Francisco de Sales advierte: "existe una gran diferencia entre estar ocupados con Dios, quien nos da contentamiento y en estar ocupados con el contentamiento que Dios nos da".[6]

Señor de Paz

Hoy, cuando ore en el nombre de Jesús, Señor de paz, entre en el divino descanso de Dios. Puede orar con expectativa, como Cristina Rossetti lo hiciera en el siglo diecinueve:

> "Oh Señor, Cristo Jesús,
> eres como la sombra de una gran roca en medio de la tierra árida,
> que sostienes a tus débiles criaturas
> cansadas del trabajo, fatigadas de placeres,
> hastiadas de esperanzas muertas, aburridas de sí mismas.
> En tu abundante compasión,
> unidad de sentimiento e inmutable compasión,
> te pedimos que nos des tu descanso".[7]

ORACIÓN PARA HOY

¡Señor, ayúdame!
Mi mundo hoy se parece a la tempestad de Galilea.
Me siento pequeño y en medio...
sintiendo como que mi barca es de papel y las aguas son tijeras de acero.
Sé que te preocupa, pero debo confesarte
que comprendo el clamor de los discípulos:
"Maestro ¿no te importa que perezcamos?"

Perdona mis temores,
ya que sé que hablan en contra de mi fe,
o sea, de mi fidelidad.
Vengo a ti, declarando lo que verdaderamente creo,
que tú, Señor Jesús, eres Señor de paz.
Me vuelvo hacia ti dejando atrás la tormenta.
Te miro a ti y no a mis temores.
Hoy, me paro firme en tu nombre,
Príncipe de paz, cuyo gobierno puede tirar abajo
los factores que atemorizan mi alma y acabar con ellos.

Jesús, quédate a mi lado.
Párate y reprende al viento. "¡Cálmate!"

Y en tu admirable nombre le doy la bienvenida
a la calma,
la integridad
la armonía.
Alabado sea tu nombre, Señor Jesús.
Amén.

SANTIFICANDO ESTE NOMBRE
Baluarte para el necesitado: Isaías 25:4
Consolación de Israel: Lucas 2:25
Dios de amor y paz: 2 Corintios 13:11
Dios de paciencia y consuelo: Romanos 15:5
Dios de paz: Romanos 15:33
Dios de toda Consolación: 2 Corintios 1:3
Esperanza de Israel: Jeremías 17:13
Gran Pastor de las ovejas: Hebreos 13:20
Jehová-Shalom (el Señor es nuestra paz): Jueces 6:24
Lugar de descanso: Jeremías 50:6
Mi esperanza: Salmo 71:5
Mi pastor: Salmo 23:1
Nuestra paz: Efesios 2:14
Ofrenda de paz: Levítico 3:1-5
Pastor: Génesis 49:10
Príncipe de paz: Isaías 9:6
Rey de paz: Hebreos 7:2
Varón de dolores: Isaías 53:3

10
Resplandor de su gloria
Hebreos 1:3

EXCELENCIA

Al sugerir que imitemos a Cristo, Tomás Kempis nos brinda la siguiente oración: "Oh Luz eterna que sobrepasas a todas las luminarias creadas, que iluminas con tu luz desde lo alto penetrando en lo más profundo de mi corazón. Limpia, alegra, ilumina y vivifica mi espíritu con todo tu poder para que yo me deleite extasiado en ti".[1]

Sólo Jesús es el resplandor de la gloria del Señor. Él es el reflejo de la inconmensurable excelencia de Dios. Y hacia donde miremos, vemos su gloria. Como escribió Henry Ward Beecher: "toda la naturaleza no es más que el templo en el cual Dios es el resplandor y su gloria".[2]

CONOCIENDO ESTE NOMBRE

La *gloria* se refiere a algo excesivo o excelso. La gloria de un artesano es la habilidad de usar elementos ordinarios para crear algo extraordinario. La gloria de un atleta es la habilidad de usar su destreza para aprovechar un momento y convertirlo en algo magnífico; ya sea un gol, una llegada a la meta, una gran atajada, o la llegada a la línea final. En cada corazón humano se albergan sueños de gloria, aunque la realidad de la vida y las limitaciones humanas tiendan a acallar nuestros deseos de lograr esos sueños. Pero Cristo vino a traernos a su gloria. Él quiere darnos la capacidad de obtener lo que parecía lejano e imposible (Hebreos 2:10). En el nombre de Jesús, el resplandor de la gloria de Dios, ¡podemos experimentar y conocer la *verdadera* gloria!

En nuestra sociedad hay una recurrente exigencia hacia la excelencia. Esto se intensifica por la continua tendencia hacia la mediocridad. Todos estamos tentados a conformarnos con menos de lo excelente (sencillamente, lo "bueno" se ha convertido en el enemigo de lo "mejor"). Y nuestro propio sentido de limitación generalmente está en pugna por ello. Pero Cristo nos ha llamado a la gloria. Él nos insta a que su gloria resplandezca en nosotros hasta que sea quitado todo lo que no sea digno de su presencia.

Todos sentimos las presiones cotidianas que dan cabida a los lugares comunes, el bajo nivel o la "segunda categoría". Pero la Biblia nos dice que Cristo "en nosotros" provee "la esperanza de gloria" (Colosenses 1:27). Esta promesa, no sólo se centra en un futuro eterno en la gloria de su presencia, sino en una medida actual de la gloria de Cristo obrando en y a través de nosotros.

El autor de los Hebreos afirma que Cristo es la completa manifestación y representación de la gloria de Dios (Hebreos 1:3). O, como sugiere Pablo, hemos "visto la gloria de Dios en el rostro de Cristo Jesús" (2 Corintios 4:6). En la persona de Jesús nos hemos encontrado con la máxima excelencia de Dios. Cristo es lo mejor. Jesús no puede superarse. Él es el ejemplo perfecto de excelencia, de todo lo que el hombre puede esperar y llegar a ser. Y es a la luz de esta excelencia que podemos confrontar cualquier obstáculo para lograr la completa excelencia de lo que podemos ser en Él.

VIVIENDO ESTE NOMBRE

El acercamiento humano al requerimiento diario de excelencia, generalmente es fatigoso. Está plagado de imperfecciones, críticas y corrupción. En cambio, la manera divina es descansada, llena de gracia, bondad y misericordia. Asegura la manera de experimentar y vivir en la excelencia de la gloria de Dios sin el engaño y las complicaciones humanas. Para vivir esta gloria debemos obedecer un triple llamado.

Primero, *hemos sido llamados a esperar la excelencia de Cristo*. En 2 Corintios 3 descubrimos un detallado desarrollo de la superioridad de los recursos del Nuevo Testamento sobre el Antiguo. Pablo se da cuenta que la demostración y otorgamiento del poder de Dios era tan admirable, que el rostro de Moisés resplandecía. Y describe al Espíritu Santo en el Nuevo Testamento como "la gloria que sobrepasa" (2 Corintios 3:10). El climax del pasaje es la declaración concerniente a nuestra transformación por la gloria sobreabundante de Cristo "de gloria en gloria" (2 Corintios 3:18). Es una promesa que despierta nuestra expectativa.

Segundo, *hemos sido llamados a acercarnos a la excelencia de Cristo*. En el Apocalipsis de Juan se describe el enceguecedor resplandor del trono de Dios (Apocalipsis 4:5). Antes, en el capítulo 1, se describe el resplandor de la persona de Cristo. Analizando esas escenas y viendo la respuesta de Juan al caer ante la majestad nos ayuda a capturar el sentido de lo que significa la descripción de Pablo en 1 Timoteo 6:15-16:

"El bienaventurado y único Soberano, el Rey de reyes y Señor de señores, el único que tiene inmortalidad y habita en luz inaccesible, a quien ningún hombre ha visto ni puede ver. A Él sea la honra y el dominio eternos. Amén".

Lo inalcanzable de tamaña excelencia y gloria podría intimidarnos en nuestra búsqueda a no ser por una sola cosa: ¡la gracia de Dios ha abierto una puerta para que nos acerquemos! El hombre sin redimir, por mucho que se esmere, jamás será digno de ese acercamiento. Pero el resplandor de la gloriosa excelencia de Dios manifestada en Cristo Jesús no sólo se nos revela sino que nos abre el camino para que entremos en ella. El salmista dice: "Cuán bienaventurado es el que tú escoges y acercas a ti para que more en tus atrios. Seremos saciados con el bien de tu casa, tu santo templo" (Salmo 65:4).

Finalmente, *hemos sido llamados a vivir y ser testigos de la excelencia de Cristo*. Ningún episodio bíblico es más conmovedor que la descripción que hace Isaías de la gloria de Dios en el templo (Isaías 6:1-8). El profeta bosqueja un mensaje completo de lo reverente y sabio del excelente accionar de Dios. En la experiencia de Isaías descubrimos un mapa de ruta con atajos que nos llevan a la gloria del Señor Si los seguimos en oración, también experimentaremos la excelencia de Cristo en su obrar.

ORANDO EN ESTE NOMBRE

Empleando la vivencia de Isaías, se destacan tres puntos que nos ayudan a orar en el nombre de Jesús, Resplandor de la gloria de Dios.

Primero, *venga en adoración y contemple la majestuosidad de Dios*. "Vi al Señor sentado sobre un trono alto y sublime" declara el profeta (Isaías 6:1). La búsqueda humana por la perfección, lleva al hombre a hacer lo mejor, pero el acercamiento divino a la excelencia empieza con postrarse ante el Señor.

Más aún, el completo significado de la palabra hebrea *ra-a*, "ver" en este versículo, es muy significativa. Significa ver algo con absoluta claridad. No debemos permitir que nada empañe nuestra visión. Para adorar a Dios efectivamente, debemos tener una apropiada visión de Él, pero esa visión sólo les viene a quienes se toman el tiempo de estudiar la naturaleza y el carácter de Dios revelado en su Palabra. Aquellos que se adentran profundamente en la palabra de Dios se elevan muy alto en las alabanzas de su gloria.

Segundo, *abra su corazón al fuego purificador de la promesa*.

¡Ay de mí!... Pues soy hombre de labios inmundos y en medio de un pueblo de labios inmundos habito", oró el profeta (Isaías 6:5).

El camino a la excelencia se logra dejando a un lado cualquier mala intención. La auténtica posibilidad de gloria se les abrirá solamente a aquellos que renuncien a la idea que lo lograrán en la carne. Eso se consigue en oración, confesando los pecados. Pablo dijo: "limpiémonos de toda inmundicia de la carne y del espíritu, perfeccionando la santidad en el temor de Dios" (2 Corintios7:1)

Finalmente, *deje que el amor de Dios lo madure y lo prepare para el servicio.* Isaías no sólo estaba dispuesto para el fuego purificador de Dios, sino que inmediatamente se sujetó a la voz de Dios. "Heme aquí; envíame a mí", clamó (Isaías 6:8). Puede que hoy, Dios tenga una misión especial reservada para usted. Pero, para recibir la orden de marcha para realizarla, necesitará tomarse un tiempo a solas, tranquilo, para saturarse del resplandor de la gloria de Dios, algo que no es un sentimiento sino una persona... ¡el mismo Cristo!

Por lo tanto en el nombre de Jesús podemos hoy aspirar a la "excelencia" en todo lo que hagamos. El estudiante puede aspirar a la excelencia en sus estudios. El atleta puede aspirar a la excelencia en sus deportes. El hombre de negocios puede aspirar a la excelencia en sus asuntos de negocios. Y el ama de casa puede realizar con excelencia sus tareas cotidianas. Nunca más tendremos que estar atados a un espíritu de segunda categoría. Cuando comenzamos a ver que Jesús es el Resplandor de la Gloria de Dios, encontraremos que la oración en el nombre de Jesús abre el camino para vivir en la espléndida plenitud de todo lo que implica su persona.

ORACIÓN PARA HOY
Querido Señor,
hay tantos momentos en los que me parece estar atrapado por el desagradable sentimiento de mi mediocridad.
Me esfuerzo tanto y logro tan poco.

Cómo vivir y orar en el nombre de Jesús

Empiezo tan bien y termino tan rápido.
Doy lo mejor de mí, pero me doy cuenta
que no es suficiente. Es por eso que vengo a ti,
Salvador de mi alma,
a ti, que me has salvado tan completamente que
ninguno de mis fracasos o pecados pueden impedir
el poder de tu salvación.

Ven a mí ahora.
Ven en la excelencia del resplandor
de tu gloriosa persona y llena mi vida.
Ven a mi vida en la excelencia de tu poder
y tu naturaleza en aquellas áreas
en las cuales prevalece
mi incapacidad,
mis limitaciones o mi mediocridad.

Hoy te elijo a ti.
Recibo los recursos de tu excelencia
como mi fuente, mi provisión y mi escudo.
Me refugio en tu plenitud.

Gracias Jesús.

Que el día de hoy no sea mediocre.
Tu excelencia está comenzando a fluir a mi alrededor.

Amén.

SANTIFICANDO ESTE NOMBRE

Admirable: Isaías 9:6
Distinguido entre diez mil: Cantares 5:10
Espada afilada: Isaías 49:2
Espada de tu gloria: Deuteronomio 33:29
Esperanza de gloria: Colosenses 1:27
Exaltado: Salmo 148:13

Resplandor de su gloria

Gloria de su pueblo Israel: Lucas 2:32
Gloriosa Diadema: Isaías 28:5
Hermosa Corona: Isaías 28:5
Hijo del Altísimo: Marcos 5:7
Plantío de renombre: Ezequiel 34:29
Rey de gloria: Salmo 3:3
Rey en su hermosura: Isaías 33:17
Señal: Lucas 2:34
Sol de justicia: Malaquías 4:2
Sol y escudo: Salmo 84:11
Trono de gloria para la casa de su Padre: Isaías 22:23

11
La expresión exacta de su naturaleza
Hebreos 1:3

REALIDAD

Sir Isaac Newton escribió en *Principia* defendiendo la existencia de Dios: "Él no es eternidad o infinidad, sino eterno e infinito; Él no es duración o espacio, sino que Él permanece y está presente. Él permanece para siempre y está siempre presente; como existe siempre y en todas partes, Él mismo constituye la duración y el espacio. Ya que cada partícula de espacio está siempre y cada momento indivisible está en todas partes, ciertamente, el Hacedor y Señor de todas las cosas no puede no estar o dejar de ser".[1]

Verdaderamente, Dios está, y aquellos que desean un vislumbre de Él no tienen más que mirar a Jesús. Pablo lo dice al escribir: "Por tanto, de la manera que recibisteis a Cristo Jesús el Señor, así andad en Él... porque toda la plenitud de la Deidad reside corporalmente en Él" (Colosenses 2:6,9). Y Juan, refiriéndose a Cristo como la Palabra, iguala a Jesús con Dios. Él escribe: "En el principio existía el Verbo, y el Verbo estaba con Dios, y *el Verbo era Dios*" (Juan 1:1, cursivas agregadas) Así como Dios es real, Cristo es real..."la expresión exacta de la naturaleza de Dios".

Lamentablemente, algunos intentan discutir consigo mismos en contra de la realidad de Dios, y por lo tanto de su Hijo simplemente porque el reconocimiento de la existencia de Dios es el primer paso hacia la sujeción completa a su liderazgo. En su *Visions of Heaven and Hell*, John Bunyan dijo: "cuando las malas personas siguen cometiendo pecados y se dan cuenta que tiene motivos para temer del justo juicio de Dios por sus pecados, primero desean que Dios no exista para que no los castigue, luego se van convenciendo paulatinamente que no hay Dios y se rodean de argumentos que sustenten esa postura".[2]

CONOCIENDO ESTE NOMBRE

El autor de los Hebreos no sólo nos presenta a Cristo, Resplandor de la Gloria de Dios (como se desarrolló en el capítulo anterior), sino a Cristo como la expresión exacta de su naturaleza (Hebreos 1:3)

Es de notar la especial importancia que tiene la expresión "Él es" que antecede a la presentación de Cristo como la "expresión exacta de su naturaleza". Esta oración enfatiza el hecho de que la naturaleza de Cristo es "ser". Él dice: "antes que Abraham naciera, YO SOY" (Juan 8:58). No sólo que Cristo existe sino que no puede ser otra cosa que lo que Él es. Y Él es todo lo que es todo el tiempo. Es su naturaleza ser siempre lo mismo, no es sólo algo temporal.

Considere también "la expresión exacta" que viene de la palabra griega *charakter*, imagen. De esta palabra deriva *carácter*. Esta palabra tiene varias acepciones únicas que se aplican directamente para nuestra comprensión de Cristo, la imagen misma de la naturaleza de Dios.

Primero, *el carácter o la imagen describe una marca o sello grabado, impreso, estampado o tallado*. Esto puede incluir la yerra con que se marca el ganado o el grabado en una moneda. También se usa para el sello que se estampa sobre un documento.

Cómo vivir y orar en el nombre de Jesús

Segundo, *esta palabra se usa para definir la marca del Anticristo impresa en la mano o la frente de sus seguidores (Apocalipsis 13:16).*

Tercero, *esta palabra se emplea en el arte representativo.* En esta clase de arte se estampa una figura o un diseño ya sea con pintura o dándole forma a una escultura, representando algo del campo físico. Esta "imagen" representa para el espectador algo que existe en otro campo.

Cuando aplicamos estas definiciones para Cristo, las ramificaciones son verdaderamente excitantes. Jesús vino como la imagen física, real y auténtica de Dios (la imagen genuina que Dios quiso que tuviese el hombre) para reimprimir la imagen de Dios en nosotros. Solamente Él es capaz de ser la "perfecta (santa) representación del Dios del campo máximo; significando acá, último y eterno (en oposición a temporal) y santo (en oposición a caído y pecaminoso).

¡Considere las implicaciones que tiene esto para usted y para mí! El llevar impresa la imagen de Cristo, volvemos a ser posesión de Dios. Como ovejas de su prado, llevamos su marca. La marca del espíritu de anticristo del mundo no opera en nosotros debido a que hemos sido sellados con el carácter de Cristo para siempre. Más aún, como la estampilla en el sobre, tenemos la evidencia que se ha escogido para nosotros un destino seguro. La estampilla también nos asegura que se pagó un precio.

Finalmente, no debemos pasar por alto la significancia de la expresión de la naturaleza de Cristo. De la palabra griega *hupostasis* proviene la frase que significa que Cristo "es la imagen misma de la naturaleza de Dios el Padre y la sustancia perfecta de lo que es, literalmente, el Padre".

Hupostasis principalmente quiere decir: "algo que está por encima", lo que define muy bien a Cristo. Cristo es la suma de todo lo que Dios es. Amado, Jesús es la imagen perfecta de la naturaleza y carácter de Dios el Padre. Cristo nos dejó un sello completo, Él es la expresión exacta de la naturaleza de Dios.

VIVIENDO ESTE NOMBRE

Samuel Morris tuvo una revelación personal de la gloria de Dios. Su historia quedó inmortalizada en el clásico *Angel in Ebony* encontrado en la selva africana. Su conversión sucedió sin la intervención de ningún mensajero humano. Más tarde, el Señor dirigió a Samuel a una misión especial donde, por medio del misionero a cargo, aprendió mucho más acerca del Cristo que había conocido en la jungla. Samuel aprendió que el Señor realiza su trabajo en la tierra utilizando su "agente divino", el Espíritu Santo.

Cuando Samuel le preguntó al misionero cómo era que él sabía tanto acerca del "Espíritu Santo", le contestó que lo había aprendido en un lugar llamado Taylor University. Asombrado por el celo del jovencito, el misionero le explicó rápidamente que era necesaria mucha preparación antes de emprender tamaño viaje. Una de ellas era solicitar por escrito una planilla de inscripción a Taylor University. Luego, los empleados administrativos de la universidad evaluarían la solicitud y decidirían si Samuel cumplía con los requisitos para inscribirse como estudiante.

Con la ayuda del misionero, el joven escribió a la universidad y esperó pacientemente su planilla. Una vez recibida, el misionero se dio cuenta que no podía completarla sin una fotografía. Samuel se sacó la foto y la mandó a revelar. Semanas después, la primera fotografía que el joven africano se sacara en su vida, había llegado. Cuando el misionero se la puso en la mano, el joven, sorprendido por su propia fotografía, insistía en decir que esa foto era imposible que fuese de él. Seguramente que alguien había cometido un error. Cuando, finalmente, el misionero convenció a Samuel que la foto era de él, el muchacho se largó a llorar. Ahora estaba seguro que la universidad jamas lo aceptaría. Con lágrimas rodando por sus mejillas, Samuel le dijo: "mi foto es muy fea. ¡Si pudiese mandarles una foto de Jesús!"

Pero eso es, precisamente, lo que podemos hacer. Cuando vivimos en el nombre de Jesús, la expresión exacta de la naturaleza de Dios, podemos realizar las obligaciones cotidianas de tal manera que reflejemos la belleza del mismo Cristo. Él le dará a nuestro mundo la foto de Jesús, vayamos donde vayamos. Y cuanto más emane Cristo de nuestro ser, más clara será su imagen.

ORANDO EN ESTE NOMBRE

Dios desea que en la oración de hoy, nuestras peticiones tengan la impresión de la realidad de su Hijo. Él anhela estampar la marca y el carácter de la naturaleza de Cristo en todo lo que hagamos. Al orar hoy en el nombre de Jesús, la expresión exacta de la naturaleza de Dios, debemos tener el cuidado de concentrar nuestra atención en la primera petición que Jesús nos enseñó a pedir: :Venga tu reino; que se haga tu voluntad" (Mateo 6:10). Al orar "que venga tu reino" en todo lo que hagamos en el día de hoy es declarar que Dios imprima todo lo que hagamos en cada momento. Es proclamar el señorío de Cristo sobre nuestra familia, trabajo, relaciones y hasta en los planes y metas futuras. Es pedirle al Señor que marque cada momento con la impresión del nombre de Jesús, ¡nuestra expresión exacta de la naturaleza de Dios!

ORACIÓN PARA HOY

Señor, hoy oro como el compositor que te honró con la canción que dice:
Ser tal como Tú, bendecida redención,
es este mi deseo constante y oración;
perdería felizmente, el tesoro terrenal,
por tu perfección, Jesús, llevar.
¡Oh!, tal como Tú, ¡oh!, tal como Tú,
puro como Tú, bendecida redención
Vendré a tu dulzura, y me llenarás.
Sella Tu imagen en lo más profundo de mi corazón.

Thomas O. Chisholm (tradución libre)

SANTIFICANDO SU NOMBRE

Dios admirable: Isaías 9:6
Dios bendito por los siglos: Romanos 9:5
Dios de vivos y de muertos: Romanos 14:9
Dios manifestado en carne: 1 Timoteo 3:16
Dios verdadero: 1 Juan 5:20
Emanuel (Dios con nosotros): Mateo 1:23
Escogido de Dios: Lucas 23:35
Fiel y Verdadero: Apocalipsis 19:11
Hijo de Dios: Juan 1:34
Hijo del Altísimo: Lucas 1:32
Hijo del Padre: 2 Juan 3
Hijo del rey: Salmo 72:1
Imagen de Dios: 2 Corintios 4:4
Imagen del Dios invisible: Colosenses 1:15
Mi escogido: Isaías 42:1
Mi Señor y mi Dios: Juan 20:28
Padre eterno: Isaías 9:6
Primogénito de toda la creación: Colosenses 1:15
Primogénito entre los muertos: Colosenses 1:18
Primogénito entre muchos hermanos: Romanos 8:29
Principio de la creación de Dios: Apocalipsis 3:14
Raíz de Isaí: Isaías 11:10
Renuevo del Señor: Isaías 4:2
Retoño del tronco de Isaí: Isaías 11:1
Su único Hijo: Juan 3:16
Testigo a las naciones: Isías 55:4
Testigo fiel y verdadero: Apocalipsis 3:14
Testigo fiel: Apocalipsis 1:5
Unigénito del Padre: Juan 1:14

12
Propiciación por nuestros pecados
1 Juan 2:2

PERDÓN

J. Wilbur Chapman contó la historia de una anciana que tropezó y se cayó desde lo alto de una escalera de piedra en la estación de policía de Boston. Inmediatamente, un oficial mandó llamar la ambulancia y la mujer fue llevada a un hospital cercano donde los médicos mostraron muy pocas esperanzas en cuanto a su recuperación.

-No va a pasar de hoy -le dijo a una solícita enfermera. Preocupada, la enfermera se ganó en pocas horas la confianza de la anciana. Conmovida, la anciana le dijo con tristeza:

-He viajado sola desde California, deteniéndome en cada ciudad importante entre San Francisco y Boston. En todas las ciudades he visitado dos lugares: la estación de policía y el hospital. Mi hijo se ha escapado de casa y no tengo idea dónde está. Tengo que encontrarlo. He vendido todos mis bienes para hacer este viaje con la esperanza de ver un milagro.

Los ojos de aquella madre parecieron tener un destello de esperanza cuando agregó: -puede que algún día él venga a este mismo hospital, y, de ser así, por favor, prométame que le dirá que sus dos mejores amigos nunca se dieron por vencidos.

Luego, los médicos se acercaron y en voz baja hablaron con la enfermera.

—Morirá en unos pocos minutos. No podemos hacer nada.

Inclinándose sobre la madre moribunda, la enfermera le susurró algo muy suavemente.

—Dígame los nombres de esos dos amigos así se los puedo mencionar a su hijo, si alguna vez lo veo.

Con labios temblorosos y lágrimas en los ojos, la madre respondió

—Dígale que esos amigos eran Dios y su madre —y cerrando los ojos, murió.

Dios, mucho más que una madre que perdona, jamás se da por vencido con ninguno de sus hijos. Su perdón es extremadamente infinito. Nunca deja de existir. Es único, al grado de ser exclusivo en su clase. ¿Quién más, en todo el universo puede perdonar sinceramente, hasta el punto de olvidarse? (Hebreos 8:12). Y, siendo Dios la quintaesencia del perdón, pensar en Dios es sumergirse en pensamientos de perdón y olvido en vez de hacerlo en pensamientos de fracaso. Como sugiere Soren Kierkegaard, "cuando un hombre al pensar en Dios no recuerda su pecado sino que ha sido perdonado, y el pasado ya no le recuerda las cosas que ha hecho mal sino que ha sido perdonado, recién entonces ese hombre descansa en el perdón de sus pecados"[1]

Y agrega. "Dios crea de la nada. Usted exclama: 'maravilloso'. Con seguridad; pero Él hace algo que es más maravilloso aún: Él hace santos de pecadores".[2]

CONOCIENDO ESTE NOMBRE

Juan nos ayuda a comprender este concepto de la capacidad de Dios de cubrir nuestros pecados (y olvidarlos) al referirse a Cristo como nuestra Propiciación por nuestros pecados (1 Juan 2:2). Es interesante notar que la palabra propiciación está relacionada con la palabra popular *prop*, que significa lo que sujeta, sostiene o endereza. Más aun, cuando una persona en necesidad, lo recibe en el momento apropiado y con las palabras precisas, se dice que fue "propicio", inclinando favorablemente las circunstancias, o incrementando las probabilidades de resultados aceptables.

Jesucristo ha venido a ser nuestra Propiciación, Aquel que favorablemente inclinó las circunstancias hacia Dios. Para hacer propiciación a nuestro favor, Jesús se dio a sí mismo. Derramó su sangre y entregó su vida para que Dios estuviese en buena disposición hacia nosotros.

La palabra griega en el Nuevo Testamento para propiciación es *hilasterion*, que significa "expiación", "reparar una culpa" o "devolver un favor". La palabra se usaba en el mundo antiguo para las "ofrendas voluntarias" (ofrendas que se daban para cumplir ciertos votos de dedicación). Cuando se usa en relación a Cristo, significa el cumplimiento incondicional de nuestro Señor en relación a su promesa de proveer la manera para que nos volvamos a Dios. Más aun, Jesús cumplió incondicionalmente con todas las obligaciones que nos correspondían a nosotros para que Dios nos aceptara.

Mucha gente comete un error al pensar que es necesario negociar con Dios para ser aceptado. A veces oran: "Señor, yo haré esto por ti si tú haces esto por mí". Pero, como Propiciación por nuestros pecados, Cristo ha hecho *todo* lo necesario ante los ojos de Dios, lo que nosotros no podemos "mejorar".

Podemos venir a Dios con libertad sabiendo que estamos perdonados completamente. ¡Qué gozosa realidad!

Es interesante que la misma palabra griega *hilasterion* se traduce en 1 de Juan 2:2 por "propiciación" o "propiciatorio". Esta palabra, se refiere a la cubierta o tapa que cubría el arca del Pacto en el Lugar Santísimo. Hasta la Septuaginta, que es la traducción de Antiguo Testamento del hebreo al griego, usa la palabra *hilasterion* al referirse al propiciatorio en la adoración en el tabernáculo (Éxodo 25:22).

Esto es significativo ya que el propiciatorio era donde la sangre del cordero del sacrificio se derramaba el día de la Expiación. Una vez al año, cuando eran expuestos todos los pecados del pueblo, el sumo sacerdote entraba al Lugar Santísimo para derramar la sangre en el *hilasterion* o propiciatorio. Es igualmente interesante notar que el arca que estaba justo debajo del propiciatorio, contenía la Ley de Dios (los Diez Mandamientos) que el hombre había transgredido. Pero la sangre del sustituto sin mancha sobre el propiciatorio se interpone entre Dios y su ley quebrantada.

¡Qué magnífico cuadro de Cristo! Como nuestro sustituto sin pecado, Jesús derramó su vida en la cruz como propiciación delante de Dios. Él se interpone entre los requerimientos divinos de perfección y pureza y nuestra imperfección e impureza. Debido a que Jesús es absolutamente perfecto, Dios ve su vida sin pecado en vez de la nuestra pecaminosa y está dispuesto a aceptarnos completamente. Estamos "sentados" con Cristo (Efesios 2:6) y, por lo tanto, recibimos la misericordia y el perdón de Dios.

VIVIENDO ESTE NOMBRE

"¡Cúbranme!" -le gritó un soldado a sus camaradas en medio del fragor de la batalla mientras se disponía a correr hacia el centro del combate. Les estaba pidiendo a sus compañeros que le proveyeran artillería mientras él avanzaba contra el enemigo.

De la misma manera, Jesús nos cubre cuando nos introducimos en la batalla de cada día. Y él provee esta cobertura de muchas maneras. No sólo "cubre" en el sentido de proveer artillería contra el enemigo, sino que la sangre de Cristo es la cubierta literal de todos nuestros pecados y fallas. No hay nada que quede fuera del alcance del perdón de Dios. Phillips Brooks en *Perennials*, dice: "

Cómo vivir y orar en el nombre de Jesús

"Amado, vivir, hoy en día, en el nombre de Jesús no es reconocer solamente a Cristo como nuestra Propiciación sino apropiarse de ese atributo en nuestra relación con los demás. Así como Jesús cubre y limpia nuestros pecados con su sangre (1 Juan 1:9) es necesario que cubramos las equivocaciones de los demás con amor (Proverbios 10:12).

Tenemos que dejar que el espíritu de perdón fluya en nosotros. Recuerde cuando Pedro le pregunta a Cristo si está bien perdonar siete veces y Él le responde: "hasta setenta veces siete" (Mateo 18:21-22).

ORANDO EN ESTE NOMBRE

Orar en el nombre de Jesús, el Propiciador de nuestros pecados, es orar en la totalidad del perdón incondicional de Cristo. En el corazón de la oración modelo que Jesús les enseñó a sus discípulos está la petición: "perdónanos nuestras deudas, así como nosotros perdonamos a nuestros deudores" (Mateo 6:12). Aquí, la idea de deuda no está referida al dinero sino al pecado. Es más, otra versión traduce: "perdónanos el mal que hemos hecho, así como nosotros hemos perdonado a los que nos han hecho mal" (Dios habla hoy).

Si el nombre de Jesús significa perdón, *propiciación*, entonces, orar en el nombre de Jesús es orar en al plenitud de su perdón. Estamos declarando su perdón en las situaciones que pudiesen presentarse. Si, por ejemplo, un hermano le falla, usted declara perdón. Y si Dios pone en su corazón (como siempre hará) que vaya a ese hermano con una palabra de perdón, usted cubrirá ese encuentro con oración aun antes que suceda.

Y, por sobre todas las cosas, al orar hoy fervientemente, busque colocar cada transgresión bajo la "cobertura de la sangre" de Cristo quien es la única Propiciación por nuestros pecados..

Que podamos identificarnos con la oración de John Wesley:

"Señor, perdona todos nuestros pecados: los pecados de omisión y los de comisión; los pecados de nuestra juventud, así como los pecados de los años maduros; los pecados del alma, y los pecados del cuerpo; nuestros pecados secretos y nuestros pecados públicos; los pecados por ignorancia, por no estar prevenidos; los pecados deliberados y presuntuosos; los pecados cometidos para complacernos, y los pecados que hemos hecho por complacer a otros; los pecados que sabemos y recordamos y los pecados que hemos olvidado; los pecados que hemos tratado de ocultar de los demás, y los pecados con los que hemos ofendido a los demás. Señor, perdona, perdónanos todos nuestros pecados por Aquel que murió por nuestros pecados y se levantó para nuestra justificación y ahora está sentado a tu diestra intercediendo por nosotros, Cristo Jesús, nuestro Señor".[4]

ORACIÓN PARA HOY

Padre,
me inclino ante ti con un renovado sentido
de gratitud por tu provisión completa en Jesús.
Es tan poderosamente estimulante ser recordado por tu
palabra que mis pecados están completamente pagados;
mi quebrantado pasado, completamente perdonado,
mi lista de fracasos, completamente destruida;
todas mis transgresiones y desobediencias, olvidadas.
Por favor, acepta mi oración, mi confesión,
que a veces me abruma la nube de condenación
que me arroja mi adversario.

Hoy, Señor,
me levanto con el estandarte de la sangre de Jesús,
colocándolo en la cara del enemigo.
En el nombre de Jesús, mi propiciación es completa;
mi pecado está completamente cubierto;
yo soy completamente libre.

Voy a encarar este día
y todos los mañanas,

rodeado por la justificación del Salvador,
vestido por la excelencia de la vida sin pecado de Jesús,
gozoso por mi completa aceptación.
¡Gracias, Señor!
En el nombre de Jesús.
Amén.

SANTIFICANDO ESTE NOMBRE

Abogado: 1 Juan 2:1
Apóstol y Sumo Sacerdote: Hebreos 3:1
Autor de eterna salvación: Hebreos 5:9
Cordero en el trono: Apocalipsis 5:6
Cordero inmolado: Apocalipsis 3:18
Dios de recompensa: Jeremías 51:56
Dios de toda gracia: 1 Pedro 5:10
Don inefable: 2 Corintios 9:15
El Señor, tu redentor: Isaías 43:14
Esperanza de gloria: Colosenses 1:27
Gran Sumo Sacerdote: Hebreos 4:14
Habitación de justicia: Jeremías 50:7
Jehová-Tsidikenu (el Señor,
    nuestra justicia): Jeremías 23:6; 33:16
Mediador de un mejor pacto: Hebreos 8:6
Mediador: Job 9:33; 1 Timoteo 2:5
Mi escogido: Isaías 42:1
Mi Salvación: Salmo 38:22
Nuestra Pascua: 1 Corintios 5:7
Padre de misericordia: 2 Corintios 1:3
Precursor: Hebreos 6:20
Rey de justicia: Hebreos 7:12
Torre de salvación: 2 Samuel 22:51

13
Maná escondido
Apocalipsis 2:17

PROVISIÓN

Los días eran muy difíciles para la joven pareja. Todos los días se sentaban a comer una hamburguesa y tomar un vaso de leche. Ninguno de los dos encontraba trabajo y las cuotas de los estudios del marido eran altas. Esa mañana habían gastado en leche los últimos ahorros.

Con voz temblorosa, el joven esposo dio gracias. Luego de pronunciar una corta oración de agradecimiento, hizo una simple petición: "Señor, no te estamos pidiendo mucho, sólo lo necesario". Y con lágrimas en los ojos agregó: "Señor, por lo menos, danos lo elemental para continuar. Señor, todo lo que te pedimos, es el alimento básico".

Al comenzar a comer su magra cena, el marido pegó un respingo de dolor. Había mordido un objeto duro oculto en la carne. Sacándoselo de la boca, lo miró asombrado. Ambos comenzaron a reírse, mientras el marido decía bromeando: ¡Señor, no me refería a eso! (juego de palabras. Staple: grampa).

Ninguno de los dos se animó a seguir comiendo por temor a encontrar más grampas, por lo que el marido se dirigió al mercado con las hamburguesas en la mano. La pareja estaba preocupada por otras personas que pudiesen encontrarse ante el mismo problema y resultar lastimadas. Naturalmente, el gerente del negocio estaba profundamente preocupado y aunque el joven no hizo ninguna amenaza de tomar acción legal, el gerente, inmediatamente, trató de llegar a un arreglo.

-Señor -murmuró- si usted fuese tan amable de olvidar el incidente, podría hacer la compra de la semana a cuenta de la casa.

CONOCIENDO ESTE NOMBRE

Al mirar a nuestro alrededor, vemos cumplida la promesa de provisión de Dios, con grampas y todo. En nuestras casas hay muebles, ropa y todo lo demás. Al sentarnos en un parque o en algún sitio al aire libre, vemos la maravillosa provisión de la naturaleza en los árboles, las flores, los pájaros cantando alabanzas al Señor. ¿Hemos fallado en reconocer estos detalles de la vida como bendiciones que Dios ha diseñado específicamente para sus hijos? Henry Ward Beecher observó: "las bondades de Dios para con nosotros son tantas, son como gotas de agua que corren juntas; hasta que no vemos la multitud de ellas como profundos manantiales, no nos damos cuenta que provienen de Dios". [1]

Con demasiada frecuencia no nos damos cuenta de los muchos beneficios ocultos que tenemos al alcance de la mano. El aire que acabamos de inspirar, los pulmones que se han llenado de él y la capacidad del cuerpo para transformar ese aire en combustible vital, son dones de Dios. Sus abundantes provisiones son, verdaderamente, infinitas para su pueblo, incluyendo lo mejor de todas sus bendiciones: su misma presencia. Alfred Lord Tennyson dijo poéticamente en *The Higher Pantheism*:

> Háblale porque Él te oye y el Espíritu
> con el espíritu se encontrarán...
> Él está más cerca que tu aliento,
> más cerca que tus manos y pies.

Maná escondido

La presencia de Cristo es toda la provisión que necesitamos, nuestro maná escondido para el viaje de la vida. En el texto de este título, Apocalipsis 2:17, Cristo dice: "Al vencedor, le daré el maná escondido". Sabemos que Jesús se está refiriendo a sí mismo por sus anteriores palabras, en Juan 6:31-35. En este pasaje, Jesús se describe a sí mismo como el maná que vino del cielo, en referencia a los milagros de provisión durante las jornadas de Israel por el desierto. Nos dice que Él es el cumplimiento último de esa provisión.

En Éxodo 16 descubrimos estos largos cuarenta años de milagros en el desierto. Más tarde, en Josué 5:11-12, leemos acerca de este inusual período de seis días semanales, cincuenta y dos semanas de milagros por año. La Escritura dice: "Y el día después de la Pascua, ese mismo día, comieron del producto de la tierra, panes sin levadura y cereal tostado. *Y el maná cesó el día después que habían comido del producto de la tierra*, y los hijos de Israel no tuvieron más maná, sino que comieron del producto de la tierra de Canaán durante aquel año" (Josué 5:11-12; cursivas agregadas).

Para comprender el significado de "Maná escondido", considere el contexto en el cual lo encontramos: Apocalipsis 2:12-17. Esta sección de la Escritura se escribió para amonestar a la permisiva iglesia de Pérgamo. La impureza de la iglesia se debía a que comían "cosas sacrificadas a los ídolos" (v.14). En otras palabras, eran culpables de una dieta mundana que los llevaba a ser demasiado indulgentes en otros importantes aspectos de la vida.

De aquí surge una lección vital: cuando dependemos de los recursos humanos para nuestra provisión, o peor aun, cuando hacemos concesiones para obtener seguridad personal o financiera, abrimos la puerta a todo tipo de fracaso. Cristo quiere que dependamos de Él y sólo de Él. El Padre nos garantiza provisión suficiente, tanto material como física.

Enfatizando esta idea, aparece la palabra *escondido*. Esta es una referencia específica al mandamiento dado por Dios a Moisés, diciéndole que tenía que colocar en el Arca del Pacto una vasija con maná "para las generaciones" (Éxodo 16:32-34). El Arca del Pacto se perdió en la historia, desapareciendo de su lugar en el templo. Los arqueólogos no la han podido encontrar a pesar de haberla buscado durante varios siglos. Seguramente que Dios la ha quitado para que nos concentremos mejor en aquel que es el verdadero cumplimiento de los símbolos del Arca, el mismo Cristo. "En Cristo" tenemos el cumplimiento de provisión, del maná que fue apartado para un día futuro. Y todos los que han conocido el liderazgo de Cristo han prosperado en esta provisión.

VIVIENDO ESTE NOMBRE

Vivir en Cristo, nuestro Maná Escondido, es vivir en el conocimiento que sólo Él es nuestra "provisión secreta" para todas nuestras necesidades. Esta realidad está hermosamente ejemplificada en varios sucesos narrados en las Escrituras; el más notable es el que acabamos de mencionar del Antiguo Testamento. Veamos cómo esta milagrosa provisión venía siempre de manera inexplicable. (La palabra "maná", literalmente, significa: "¿qué es esto?")

El maná siempre venía cuando nadie podía hacer nada.; durante la noche, cuando los israelitas dormían.

Hasta en esto encontramos algo escondido. Tal vez, cuando Dios dice: "yo proveeré para ti", Él espera que descansemos y dejemos que se encargue de nuestra provisión. No debiéramos sorprendernos demasiado si la provisión llega durante la "noche", en el momento en que todo está muy oscuro. Por lo tanto, aunque no podamos ver el mañana debido a la oscuridad, Dios está trabajando preparando hoy la provisión para mañana. Considere también la provisión especial de Dios para Elías (1 Reyes 17:1-7). En medio de la hambruna y el exilio y temiendo por su vida a Elías lo visitaban las aves dos veces por día; eran los "maná mensajeros" enviados por Dios que alimentaban al profeta con pan y carne. Cuando el Señor provee "maná escondido", no hay lugar demasiado inaccesible o solitario para que Él pueda obrar; tampoco hay situaciones demasiado inverosímiles para que Él use (recuerde los cuervos y las grampas). El saciará nuestras necesidades.

ORANDO EN ESTE NOMBRE

Otro glorioso ejemplo bíblico de la provisión de Dios la encontramos en la experiencia vivida por el rey Joaquín al ser liberado de la prisión (2 Reyes 25:27). Joaquín, rey de Judá, había estado en prisión treinta y siete años durante el cautiverio babilónico cuando Evil-merodac, rey de Babilonia, le otorgó el perdón. Pero hizo algo más que liberar a Joaquín. Lo ascendió a una posición de liderazgo sobre los demás reyes que estaban en Babilonia. Y de acuerdo al relato, Evil-merodac le cambió las vestiduras de prisionero y comió con el rey "todos los días de su vida". La historia concluye con este bello testimonio: "Y para su sustento, se le dio de continuo una ración de parte del rey, una porción para cada día, todos los días de su vida" (2 Reyes 25:30).

Hoy en día, orar en el nombre de Jesús, nuestro "Maná Escondido," es orar sabiendo que Cristo es capaz de proveer para todas nuestras necesidades. Es confiar en que nuestra provisión será una "porción continua" dada por el mismo rey como "ración diaria" durante todos los días de nuestra vida. Es orar con una nueva confianza en las palabras de la petición del Padrenuestro: "el pan nuestro de cada día, dánoslo hoy".

Ignacio de Loyola era el menor de once hermanos. Se crió en España siglos atrás y seguramente, él comprendía muy bien el significado de Cristo como Maná Escondido. A los cuarenta y tres años, una edad considerada avanzada en el siglo dieciséis, Loyola dio un gran paso de fe que al desprenderse de todos sus bienes. Se mudó a París, se rodeó de seis discípulos y fundó una nueva orden llamada "Compañía de Jesús" o jesuitas. Increíblemente, veintidós años después de la muerte de Loyola en 1556, esa media docena de discípulos habían llegado a mil, muchos de los cuales, como Francisco Javier que visitó cincuenta y dos naciones en sólo diez años, llegaron hasta lo último de la tierra como misioneros. Pero lo más significativo es que Ignacio de Loyola creyó implícitamente en Dios. Al llegar al final de su vida, Loyola oró con pasión:

> Señor, toma toda mi libertad, mi entendimiento,
> mi mente y todo mi ser.
> Tú me has dado todo lo que tengo,
> todo lo que soy y
> yo entrego todo a la divina voluntad
> que tú has dispuesto para mí.
> Sólo otórgame tu amor y tu gracia,
> con eso soy muy rico y
> no tengo nada que pedir.[2]

ORACIÓN PARA HOY

Pan del cielo, enviado a los corazones
hambrientos de los hombres de la tierra.
Eres bienvenido a mi alma.

Pan del cielo, partido una vez para todos,
que nadie quede sin comer en este día.
Maná partido, entregado a las almas debilitadas;
hombre ven y cena con libertad.

Pan del cielo, bendito Redentor,
me alegraré en tu provisión;
seguiré sin desmayar, teniendo
como alimento tu provisión.

Pan del cielo, Señor que pronto volverás,
con ansia esperaré que se abra el cielo,
pero hasta entonces me sostendré
con la fortaleza de tu vida en mí.

Pan del cielo, Jesucristo mi Señor,
eres el proveedor de mi alma.
Ven y nútreme, bendito Salvador.
Ven y lléname, tú has prometido
satisfacer las almas hambrientas.

J.W.H.

SANTIFICANDO ESTE NOMBRE
Baluarte para el necesitado y desvalido: Isaías 25:4
Como corrientes de agua en tierra seca: Isaías 32:2
Don de Dios: Juan 4:10
Galardonador: Hebreos 11:6
Grano de trigo: Juan 12:23-24
Heredero de todas las cosas: Hebreos 1:2
Jehová-jiré (el Señor proveerá): Génesis 22:8-14
Lluvia sobre la hierba cortada: Salmo 72:6
Maná: Éxodo 16:31
Mi porción: Salmo 73:26; 119:57
Nuestra Pascua: 1 Corintios 5:7
Ofrenda: Efesios 5:2
Ofrenda de grano: Levítico 2:1-10
Pan de vida: Juan 6:35, 6:51
Plantío de renombre: Ezequiel 34:29
Porción de Jacob: Jeremías 51:19
Porción de mi heredad: Salmo 16:5
Tu gran recompensa: Génesis 15:1
Verdadero pan del cielo: Juan 6:32

14
El Amén
Apocalipsis 3:14

CONCLUYENTE

Cuando a Martín Lutero le preguntaron acerca de sus prácticas de oración, respondió: "les doy lo mejor que tengo; les digo cómo oro. Dios permita que ustedes lo puedan hacer mejor". Luego de algunos minutos de instrucción, Lutero concluía: "y, por último, remarquen lo siguiente: pronuncien el "amén" con fuerza, no dudando jamás que Dios lo ha escuchado. Eso es lo que significa el "amén". Significa que sé con seguridad que mi oración ha sido oída por Dios".[1]

Martín Lutero enfatizaba que un fuerte "amén" era una declaración de confirmación. Era la indicación que la persona que oraba creía verdaderamente que sus oraciones serían contestadas. Dado que *amén* significa "está hecho" o "que así sea"; para hacer más firme esta aseveración, de acuerdo con Lutero, había que declarar con confianza que, en cuanto a la petición se refiriese, el asunto en cuestión quedaba resuelto al hacer la petición.

"Amén" es otro de los títulos adjudicados a nuestro Señor en las Escrituras (Apocalipsis 3:14) ¡Jesucristo es nuestro eterno "Consumado Es"! Su mismo nombre es concluyente para todo ataque de Satanás. En cierto sentido, el nombre de Jesús se puede comparar con la misma firma de Dios estampada al pie de cada petición. Como sugiere José Parker en sus *Sermones*: "Encuentro la firma, el autógrafo de Dios en todas partes, y Él nunca va a desmentir su propia firma. Dios ha establecido su tabernáculo en la gota de rocío como en el sol. Ningún hombre puede crear la más pequeña florecita como Él ha creado el mayor de los mundos".[2]

No se equivoque. La firma de Dios en toda la creación es su Hijo (Cristo), ya que fue por su Hijo que todas las cosas fueron creadas (Colosenses 1:16: Juan 1:3). Cristo, es en verdad, el divino ¡qué así sea! de Dios.

CONOCIENDO ESTE NOMBRE

La descripción de nuestro Señor, el Amén, se halla en Apocalipsis 3:14. Leemos:"El Amén, el Testigo fiel y verdadero, el Principio de la creación de Dios". Lo mismo que con tantos pasajes de las Escrituras que describen títulos de nuestro Señor, en este versículo se describen tres expresiones distintas de la persona de Cristo: el Amén, el testigo fiel y verdadero y el principio de la creación. Por el momento, nos concentraremos primordialmente en la primera expresión: el Amén.

La palabra *amén* se da setenta y ocho veces en la Biblia: veintisiete veces en el Antiguo Testamento y cincuenta y una vez en el Nuevo. Antes de seguir, a alguien le pudiese parecer peculiar que al concluir una oración diciendo: "en el nombre de Jesús. Amén", de hecho, estamos declarando el nombre de Jesús y uno de sus títulos. Es como si estuviésemos diciendo: "en el nombre de Jesús. Jesús.

Lamentablemente, la palabra *amén* es tan común en nuestra liturgia y uso devocional que a veces pierde su significado. Pero al descubrir que decir "amén" es lo mismo que decir "Jesús", nos encontramos ante un hecho profundamente significativo.

Como hemos visto, el significado de la palabra *amén* es "que así sea" o "hecho está". Pero es más que un deseo de que ocurra, como si alguien orara: "¡oh, espero que lo que he orado, verdaderamente suceda! La auténtica fuerza de la palabra *amén* se nota mejor en la traducción de la Septuaginta. Cuando los eruditos bíblicos tradujeron del hebreo al griego la palabra *amén*, la equivalencia que encontraron fue *genoito*. La traducción literal de esta palabra es: "que esto se haga realidad; que exista".

En otras palabras, cuando declaramos "amén" en la oración, invocamos el poder creativo de Dios; eso va mucho más allá que la mera pronunciación de un deseo.

VIVIENDO ESTE NOMBRE

Hoy en día, vivir en el nombre de Jesús es declarar: "que Dios haga existir esas cosas". Como nuestro Amén, Cristo es la autoridad máxima de cada situación o circunstancia con la que nos enfrentemos. Cristo establece, asegura, arregla y ordena la voluntad del Padre para nuestra vida. Su responsabilidad es colocar la voluntad de Dios en su lugar, y eso es lo que Él hace cuando el pueblo ora: "que venga tu reino, que se haga tu voluntad... en el nombre de Jesús. Amén."

Vivir en la seguridad de Cristo, nuestro Amén, a quien Juan llama el Verbo, (Juan 1:1), nos trae a la mente la declaración de Pedro en 2 Pedro 1:19: "tenemos la palabra profética más segura". En este contexto, Pedro está analizando la confiabilidad de la palabra de Dios dada a nosotros por su Espíritu Santo. ¡Qué contraste con las cambiantes y engañosas palabras de origen humano! La palabra griega para "seguro" *bebaioteron* es un término fuerte para describir la firmeza e inmutable verdad de la "Palabra más segura" que Dios nos ha dado. Por lo tanto, sus promesas dadas en Cristo son tanto una seguridad como una inamovible verdad disponible para nosotros, concluyente y firme. En en nombre de Jesús, nuestro amén, nuestra "Palabra" segura es firmemente inconmovible. ¡Así lo dice nuestro "Que así sea"[1]

Más aun, cuando nos referimos al Amén como reflejo de la finalidad de Cristo, se hace algo más que un simple y concluyente término para ponerle fin a la oración. Llega a ser la declaración de que al final, el poder de Cristo determinará el resultado de todas las situaciones a las que nos enfrentemos. Debemos vivir cada momento en "el poder de su Amén", literalmente, su poder para crear. Y como en su nombre hay una limitada provisión de su poder, cualquier cosa que pidamos conforme a su voluntad, Él la oye (1 Juan 5:14).

Estas palabras se aclaran más aún en 2 Corintio1:20: "Tantas como sean las promesas de Dios, en Él todas son sí, por eso también por medio de Él, Amén, para la gloria de Dios por medio de nosotros.

ORANDO EN ESTE NOMBRE

Cuando aplicamos este conocimiento del Amén a la oración personal, surge una gran verdad: *cada promesa de Dios es impartida en la persona del mismo Cristo*. Y, debido a que Cristo es la Palabra Encarnada, cuando oramos en su nombre Él llega a ser para nosotros la Palabra confirmada. Cada promesa que reclamamos en oración, tiene el "amén" de Dios en Cristo.

Piénselo de la siguiente manera: cuando hoy en día, usted reclama una promesa concerniente a una necesidad específica y luego declara esa necesidad en el nombre de Jesús, es como si el Padre mismo dijese: "amén...¡que la promesa que he dado se cumpla ahora para gloria de mi Hijo!"

Finalmente, cuando oramos en el nombre de Jesús, nuestro amén, haríamos bien en recordar el contexto en el cual aparece el título de Cristo. Aparece en Apocalipsis 3:14, en una carta dirigida a la iglesia en Laodicea, un pueblo que cree que sus propios recursos son suficientes para sus muchas necesidades. Los oímos testificar: "soy rico, de nada tengo necesidad" (Apocalipsis 3:17). De todas maneras, el Señor declara que la iglesia en Laodicea está empobrecida a pesar de su apariencia de ser rica.

El mensaje es bien claro. Nuestra riqueza no consiste en los bienes que poseamos sino en lo que nuestro Creador tenga que decirnos.

Una persona en oración con el Amén en los labios está en una posición aventajada con respecto a la que está haciendo fila en su banco con una abultada chequera en la mano. Este recurso es temporal, pero el primero es eterno.

Entonces, orar en el nombre de Jesús, nuestro Amén, es orar sabiendo que sólo Cristo es la autoridad máxima en todos aquellos asuntos por los que estamos orando. Es el ofrecimiento de todas nuestras peticiones con la seguridad que, en cuanto a Cristo respecta, lo que hemos pedido hoy de acuerdo a la voluntad de Dios, es definitivo. Lo asegura el nombre de Cristo. El soberano "amén" de Dios lo confirma. Por lo tanto, está hecho.

ORACIÓN PARA HOY

Al presentarse delante de Dios en este día para orar, elija varias promesas de la palabra de Dios que se apliquen específicamente a las necesidades que usted pudiera tener. He aquí algunos ejemplos:

Señor,
vengo a ti con alabanzas
porque me has dado tu palabra,
y tu palabra es verdad.
Me paro firme en tu palabra,
para vivir en la persona de Jesús, el Amén.
En el nombre de Jesús digo "Amén" a tus promesas:
"todas las cosas ayudan a bien..."
"Tú suplirás todas mis necesidades..."
"Tú eres el Señor que sana..."
"Tú no quieres que ninguno perezca...."
"Tú puedes redimirme de manos del malvado..."
Porque has dicho tu palabra,

*porque la has afirmado en los cielos, y
porque me la has dado a mí...
digo "Amén".*

*Y, al decir amén me paro dentro del círculo
del espacio de poder y gracia de mi Señor,
sabiendo que
Él es tu palabra encarnada.
Todas tus promesas se hacen verdad en Él y
hoy, yo vivo en Él... y en esas promesas.
Gracias Padre.
En el nombre de Jesús.
Amén.*

SANTIFICANDO ESTE NOMBRE

Consumador de nuestra fe: Hebreos 12:2
Dios de toda la tierra: Zacarías 6:5
Dios de verdad: Deuteronomio 32:4
Dios de verdad: Salmo 31:5
El poderoso de Israel: Isaías 30:29
Fiel y Verdadero: Apocalipsis 19:11
Fuerza para el necesitado: Isaías: 25:4
Juez de todo: Hebreos 12:23
Juez y legislador: Isaías 33:22
Piedra angular: Salmo 118:22
Primero y último: Apocalipsis 1:17
Principio de la creación de Dios: Apocalipsis 3:14
Quien sostiene todas las cosas: Hebreos 1:3
Señor de todos: Hechos 10:36
Varón confirmado por Dios: Hechos 2:22
Yo soy: Juan 8:58

15
León de la tribu de Judá
Apocalipsis 5:5

DETERMINACIÓN

Phillips Brooks predicó: "hagan las oraciones más grandes. No piensen en que sus oraciones, por grandes que sean, a Dios no le agradarán. No pidan muletas... pidan alas".[1]

Nuestro Señor nos enseñó a que fuésemos delante de su trono de gracia (Hebreos 4:16) con audacia. Esta valentía se basa en el nombre de Jesús, el León de la tribu de Judá (Apocalipsis 5:5)

CONOCIENDO ESTE NOMBRE

La determinación bañada en audacia y templada por la tenacidad es fundamental para una vida fructífera en el nombre de Jesús. Necesitamos la audacia del adolescente recién convertido a quien le preguntó su pastor si el diablo no había tratado de decirle que no había nacido de nuevo.

-Sí, a veces -contestó el joven.

-¿Y qué le contestaste?

-Le dije que no era de su incumbencia el que yo fuese cristiano o no.

Amado, esa determinación es una valiosa cualidad de marudez cristiana. Una cualidad que podemos descubrir en el nombre de Jesús. La valentía es una cualidad que está corporizada particularmente en el título que Juan le atribuye a Jesús. León de la tribu de Judá. En Apocalipsis 5:5 leemos: "Entonces uno de los ancianos me dijo: no llores; mira, el León de la tribu de Judá, la Raíz de David, ha vencido para abrir el libro y sus siete sellos".

El contexto de este pasaje describe a Cristo en su actual lugar en el ministerio. Esto no es un cuadro del futuro. ¡Es actual! Cristo está recibiendo ahora la adoración (Apocalipsis 5:9-14) y está recibiendo ahora las oraciones de su pueblo (Apocalipsis 5:8). El rollo que él toma (v.7) es el "título de propiedad" de este planeta. Es el hecho que corrobora que "toda autoridad en el cielo y en la tierra" le ha sido dado a él (Mateo 28:18).

Es como León de la tribu de Judá que Cristo ha ganado esta posición. Él es el generador de nuestra audacia. Debido a que Cristo posee toda autoridad, no existe ningún área de petición en el cielo (el campo invisible de actividad) o en la tierra (el físico, personal, material o hasta político) que esté fuera de nuestro alcance. En el nombre de Jesús, el León de la tribu de Judá, es nuestro.

VIVIENDO ESTE NOMBRE

Para vivir efectivamente en el nombre de Jesús, el León de la tribu de Judá, debemos reconocer que el poder de Cristo como León es consecuente con su obra como Cordero (Apocalipsis 5:6) Su autoridad sobre las obras del infierno y los reinos terrenales fluyen de la cruz (Colosenses 2:14-15). Por medio de la cruz y la resurrección, Cristo cumplió la profecía de Jacob para su hijo Judá dada mil ochocientos años antes (ver Génesis 49:8-12). En Génesis se compara a Judá con un león que atrapa la presa, exactamente como Cristo conquistó la muerte y se apropió de las llaves del infierno y de la muerte (Apocalipsis 1:18).

Cuando Jacob pronunció esta profecía, declaró: "El cetro no se apartará de Judá...hasta que venga Siloh..." Siloh es una referencia al Mesías por venir y la promesa de Jacob a Judá es que la vara de autoridad sería llevada por Judá hasta que se le transfiriese al Mesías. Como León de Judá, Jesús es el cumplimiento de la profecía dada en Génesis 49:9: "de la presa, hijo mío, has subido" lo que en el caso de Cristo se refiere a las obras del infierno.

Juan escribe: "El Hijo de Dios se manifestó con este propósito: para destruir las obras del diablo" (1 Juan 3:8). Con su triunfo, Cristo poseyó el cetro de autoridad y nos provee lo necesario para ser valientes en todo lo que hagamos. Es interesante que la palabra *destruir* que se usa en 1 Juan 3:8 es la misma palabra griega *luo* que se traduce por "desatar" en Mateo 16:19. "Lo que desates en la tierra, será desatado en los cielos". Esto nos demuestra que nuestra audacia en Cristo nos lleva a ministrar tanto atando como desatando, ambas cosas en relación a las fuerzas de Satanás, dondequiera que operen.

Por lo tanto, vivir hoy día en el conocimiento de Jesús como el León de la tribu de Judá es apropiarse de su valor como nuestro. Así como Cristo salió de la tumba como el león que se levanta contra su presa, también conquistará cualquier circunstancia en la que nos encontremos. Y así como un buen rugido de león asusta y auyenta a los enemigos, lo mismo sucede con un determinado y firme "en el nombre de Jesús" dicho con fuerza en cualquier situación problemática; eso desatará el poder de Cristo en cualquier situación.

ORANDO EN ESTE NOMBRE

¿No es significativo que el nombre Judá signifique "alabanza"? (Génesis 29:35). Cuando Israel salía a la batalla, Judá, la tribu más numerosa, iba al frente llevando su estandarte (o bandera) al frente del ejército (Números 2:9:10:14).

Esto nos hace pensar en que la mejor manera de aplicar el poder del nombre de Cristo, el León de la tribu de Judá, es por medio de la alabanza. Así como Judá salió delante para el combate, nosotros debemos comenzar cada día de oración con alabanza. Realmente, la Escritura generalmente asocia la alabanza con la guerra, como lo vemos en las palabras del salmista: "Sean los loores de Dios en su boca y una espada de dos filos en su mano" (Salmo 149:6).

Cuando vamos hacia la batalla cotidiana en oración, el enemigo se confunde y huye (ver 2 Crónicas 20:20-23). Descubrimos inmediatamente que cualquier carga se aligera por el espíritu de gozo en la confianza de la victoria de Cristo. Como dice el antiguo coro:

El León de Judá quebrará toda cadena, ¡y nos dará la victoria una vez y otra vez!

Verdaderamente, la alabanza es esencial en una oración victoriosa. Y cuanto más reconozcamos quién es Dios (lo que se desprende de incrementar las alabanzas a Dios), más nos daremos cuenta lo insignificante que es Satanás.

Al orar en este día no debemos dejar de recordar que nuestro adversario "anda al acecho como león rugiente, buscando a quien devorar" (1 Pedro 5:8). Pero más importante aún es recordar que él cuenta con un oponente, otro "león": Cristo, el León de la tribu de Judá". No por nada en el versículo siguiente se nos manda a estar "firmes y velar confiadamente". "Resistidle firmes en la fe, sabiendo que las mismas experiencias de sufrimiento se van cumpliendo en vuestros hermanos en todo el mundo (1 Pedro 5:9).

Debemos recordar también que nuestras alabanzas a Dios, están directamente relacionadas a nuestro conocimiento de Dios y que el conocimiento viene del estudio de su palabra. Jesús, por ejemplo, una y otra vez confrontó a Satanás en el desierto con las palabras: "escrito está"...seguido por el pasaje preciso para reprender a su adversario (Mateo 4:4). Cristo sabía qué Escritura usar porque de niño había crecido en el conocimiento de la Ley de Dios. Lo mismo sucede con nuestra alabanza. La profundidad en la palabra de Dios significa profundidad de alabanza, y la profundidad de la alabanza da como resultado una guerra victoriosa.

Cómo vivir y orar en el nombre de Jesús

Al explorar la palabra de Dios en este día, busque nuevos caminos de alabanza y adoración a Dios, el León de la tribu de Judá. La determinación de deshacer las ataduras del maligno está a la distancia de una alabanza. Haga una pausa en este mismo instante y comience a alabar para tener victoria.

ORACIÓN PARA HOY

¡Padre, Aleluya!

¡Vengo con alabanza delante de tu trono! Como un estandarte desplegado en la fila de vanguardia de la tropa que sale al combate, levanto mis alabanzas. ¡Jesús, eres magnífico! ¡Dios, eres victorioso!

Espíritu de Dios, como llama consumidora, ve delante de mí derribando todo lo que interfiera para que el propósito del Padre se realice en mi vida.

Señor, hoy recordé que tú eres Jehová-Sabaot: el Señor de las Huestes. Y como comandante de los ejércitos del cielo, ve delante de mí, oh Señor. Como León de la tribu de Judá, métete en el combate y destruye todas las obras de las tinieblas que me oprimen, me afligen o intentan destruirme.

Tomo mi puesto en el recurso que tengo en el nombre de Jesús, mientras tú peleas a mi favor y alabo tu nombre admirable.

¡Padre, Aleluya! En Cristo soy más que vencedor. En el nombre de Jesús. Amén

SANTIFICANDO ESTE NOMBRE

Autor de nuestra fe: Hebreos 12:2
Capitán del ejército del Señor: Josué 5:14
Dios admirable: Salmo 89:8; Isaías 9:6
Dios fuerte: Salmo 89:8
El que tendrá dominio: Números 24:19
Escudo: 2 Samuel 22:31

León de la tribu de Judá

Espada de tu gloria: Deuteronomio 33:29
Hombre de guerra: Éxodo 15:3
Jefe: Isaías 55:4
Lazo y trampa: Isaías 8:14
Libertador: Romanos 11:26
Majestouso: Salmo 45:3
Mi fortaleza: 2 Samuel 22:23
Profeta del Altísimo: Lucas 1:76
Rey sobre toda la tierra: Zacarías 14:9
Señor fuerte y majestuoso: Salmo 24:8
Señor poderoso en batalla: Salmo 24:8
Tu confianza: Proverbios 3:26
Yo soy el Señor: Isaías 51:9-10

16
El Alfa y la Omega
Apocalipsis 1:8

TOTALIDAD

Francois Fenelon escribió en *Maximes des Saints*: "Todo lo que existe, sólo existe por medio de la comunicación del infinito ser de Dios. Todo lo que tiene inteligencia, sólo la tiene como derivación de su razón soberana; y todo lo que actúa, lo hace solamente por el impulso de su suprema actividad". La mística del siglo diecisiete concluye diciendo: "Él es quien hace todo en todos; es Él quien, en cada instante de nuestra vida, es el latido de nuestro corazón, el movimiento de nuestros pulmones, la luz de nuestros ojos, la inteligencia de nuestro espíritu, el alma de nuestra alma".[1]

Aquí tenemos una imagen de Cristo, el Alfa y la Omega, la totalidad de todo lo que somos y esperamos ser. Únicamente Él es la revelación completa de Dios al hombre. Sin esta revelación el ser humano no tiene esperanza. Como advirtiera Soren Kierkegaard: "para el mundo es tan imposible vivir sin Dios, que, si Dios se olvidara, éste dejaría de existir inmediatamente"[2]

CONOCIENDO ESTE NOMBRE

De todo lo que es Jesús, podemos decir que más que nada es el Alfa y la Omega (Apocalipsis 1:8). Cristo siempre ha existido y siempre existirá. Esta conocida frase: "el Alfa y la Omega" se cita con tanta frecuencia que se pierde la esencia de su significado. Aparece cuatro veces en el Apocalipsis de Juan y cada vez se refiere a la completa revelación del mismo Dios. Es la expresión de la propia naturaleza de Cristo que el mismo Cristo da de sí mismo. Él dijo: "Yo soy el Alfa y la Omega, el principio y el fin".

El libro de Apocalipsis empieza con dos referencias a este título (1:8,11) y concluye con dos similares (21:6;22:13). Es como si esta declaración fuese la apertuta y la clausura en el libro de Juan en relación al triunfo de Cristo. En Apocalipsis 1:8 notamos que el énfasis está en la eternidad de Cristo, en que su esencia abarca todos los tiempos: "Yo soy... el Principio y el Fin".

En Apocalipsis 1:11 el énfasis gira hacia el señorío de Cristo: "Yo soy... el Primero y el Último". Aquí se declara a Cristo como cabeza de la iglesia que reina en medio de su pueblo. Finalmente, en Apocalipsis 21:6-7 y 22:12-13 el énfasis está puesto en su recompensa. Después que todo lo que tiene que ser quitado es quitado, Cristo permanece, acabando con las lágrimas, haciendo nuevas todas las cosas, dando a beber del agua de la vida a quien esté sediento (Apocalipsis 21:4-6) y recompensando a toda persona, de acuerdo a sus obras (Apocalipsis 22:12-13).

El apóstol hace una descripción detallada de los atributos de Cristo en Apocalipsis 1:13-16. Cada descripción está señalando la capacidad de Cristo para lidiar efectivamente con las necesidades o fallas de las iglesias a las cuales se dirige. Notamos las largas vestiduras que usa Cristo, lo que ilustra tanto su autoridad como su majestad. El blanco cabello y los ojos como llamas de fuego, lo que remarca su conocimiento y sabiduría. Los pies como bronce refulgente y su portentosa voz, lo que señala su dominio y gobierno. Sus manos, que tienen el liderazgo de la iglesia y colabora en el ministerio de la iglesia; y las características mostradas en los versículos 13 y 20, donde Cristo está parado en medio de los siete candeleros (símbolo de las siete iglesias) y tiene las siete estrellas (representando el liderazgo y control de la iglesia).

Resumiendo, Cristo es la suma del poder en nuestro mundo. Desde el comienzo hasta el fin, le pertenecen la majestad y el amor. Él gobierna y ama a través de su pueblo, y quiere revelarse a los suyos. La realidad de la plenitud de Cristo se manifiesta en las palabras *alfa* y *omega*, como aparecen en el griego. Por supuesto que estas son la primera y la última letra del alfabeto griego y como tales, presentan a Cristo como el principio y el fin.

Miremos lo siguiente, tomado del lexicón griego (Bauer, Arndt, Gingrich): como letra simbólica, la letra griega "a" (alfa) significa el principio y la "o" (omega) el fin. Ambas designan el universo y todos los poderes demoníacos. Entonces, en el nombre de Jesús, nuestro Alfa y Omega, existe todo el poder del universo. Él existe antes que cualquier otro poder (incluyendo el demoníaco) y seguirá existiendo después que todos los demás poderes hayan sido conquistados.

VIVIENDO ESTE NOMBRE

Cristo, el Alfa y la Omega, es Señor desde el mismo principio de nuestra vida hasta el final. El hoy le pertenece por completo. Todo lo relativo a nosotros, desde nuestro nacimiento hasta nuestra muerte, está bajo su control. Por ejemplo, Cristo es el jefe de mi trabajo de principio a fin, incluyendo todo, desde la búsqueda, la permanencia y hasta la pérdida de mi trabajo.

Cristo, como el "autor y consumador" de nuestra fe (Hebreos 12:2) es el iniciador de cada detalle de la vida. Él genera y crea todo lo que necesitamos para comenzar nuestro viaje, así como para terminarlo. Él no sólo lo hace sino que lo termina. Miremos como nos recuerda este hecho constantemente la Escritura:

El Alfa y la Omega

"El que comenzó (alfa) en vosotros la buena obra, la perfeccionará hasta el día de Cristo Jesús (omega)" (Filipenses 1:6; paréntesis agregados).

"Yo sé en quién he creído (alfa) y estoy convencido que es poderoso para guardar mi depósito hasta aquel día (omega) (2 Timoteo 1:12; paréntesis agregados).

ORANDO EN ESTE NOMBRE

Orar en el nombre de Jesús, el Alfa y la Omega, significa saturar nuestras oraciones con el conocimiento de que solamente Cristo es todo lo que necesitamos. Las respuestas a nuestras oraciones toman un segundo lugar en nuestro encuentro con Jesús por medio de la oración. Él es el principio y el fin de todo lo que podemos llegar a desear. Él es la última respuesta a todas nuestras oraciones. Orar en el nombre de Jesús, el Alfa y la Omega, significa que infundimos su llenura en cada aspecto de nuestro día. Reconocemos que nada escapa al escrutinio de su nombre. El "todo" en "todo" está en nosotros. Y debido a que Él controla todo el poder de la eternidad por medio de su nombre, no tenemos que temer a las dificultades temporales. Jesús no sólo estuvo con nosotros en las dificultades del ayer, sino que está en nuestros mañanas.

¡Piense en ello! El mañana aún no ha llegado pero Jesús ya está ahí. Él es nuestro Alfa y Omega y en Él tenemos la suma total de la bondad de Dios. Podemos orar con Julián de Norwich:

> "Dios, dame de tus bondades;
> ya que tú eres suficiente para mí.
> No puedo pedirte nada menos
> que ser digno de ti.
> Si fuese a pedir menos,
> siempre me faltaría algo,
> ya que en ti lo tengo todo".[3]

ORACIÓN PARA HOY

*Señor, vengo a ti
como una criatura atrapada en el tiempo.
Muchos de mis días son tan cortos;
muchos de mis padecimientos son tan largos;
tantas cosas en esta vida parecen estar dentro
de un horario que quisiera controlar,
pero no puedo.*

*Confieso mi pecado de impaciencia y prisa.
He apurado las cosas,
destrozando lo que podían haber sido pimpollos.
He acelerado situaciones y
formado olas de confusión en vez de implantar la
paz del Reino.*

*Señor, te necesito.
Tú, que trasciendes el tiempo,
tú que eres el eterno Antes y el infinito Después...
ven, y lléname ahora.*

*Jesús, Alfa y Omega,
comienza a escribir lo que debiera estar escrito en mis
circunstancias completas.
Tú puedes crear la historia que mi Padre quiere,
y eso es lo que deseo.
No quiero escribir con mi sabiduría.
Ya he visto el final de esas historias con anterioridad,
y no me gustan.*

*Oro en este día
para que me ayudes a vivir en tu nombre;
Jesús, el Alfa y la Omega.
Tú sabes todo lo que ha precedido a este momento
y lo que pasará después, guía mis pasos hoy
con tu sabiduría y para tu propósito.
Gracias, Señor.
En el nombre de Jesús.
Amén.*

SANTIFICANDO ESTE NOMBRE

Anciano de días: Daniel 7:13-14
Aquel que lo llena todo en todos: Efesios 1:23
Dios de toda la tierra: Isaías 54:5
Dios el juez de todo: Hebreos 12:23
Heredero de todas las cosas: Hebreos 1:2
Jehová-Eloheja (el Señor es tu Dios): Éxodo 20:2
Padre eterno: Isaías 9:6
Precursor: Hebreos 6:20
Primero y Último: Apocalipsis 1:17
Principio de la creación de Dios: Apocalipsis 3:14
Principio: Colosenses 1:18
Sacerdote para siempre: Hebreos 5:6
Señor de toda la tierra: Zacarías 6:5
Señor de todo: Hechos 10:36
Señor sobre todo: Romanos 10:12
Sustentador de todas las cosas: Hebreos 1:3
Todo en todos: Colosenses 3:11
Vida eterna: 1 Juan 1:2
Yo soy: Juan 8:58

17
El Señor que sana
Éxodo 15:26

RESTAURACIÓN

En una pequeña ciudad del medioeste, un abogado les envió cartas de notificación a algunas personas donde les comunicaba que habían sido nombrados beneficiarios en el testamento de una anciana que acababa de morir. Tanto el abogado como el médico de la anciana de noventa años estaban sumamente intrigados. Al leer el testamento, el médico quedó pasmado al descubrir que su paciente por cuarenta años le había legado un cofre que guardaba en el ático. Algunos pensaban que la anciana guardaba su fortuna en ese baúl.

Al abrirlo, todos los presentes se maravillaron al descubrir que allí estaban los envases con las medicinas que durante cuarenta años la farmacia le enviaba. No había abierto ninguna; no había tomado ni una sola medicina. Esa era la forma en que la anciana decía: "gracias, doctor, por su preocupación por mi salud, pero he confiado en el Señor, quien ha hecho mi cuerpo para que se sane".

CONOCIENDO ESTE NOMBRE

La buena salud es, verdaderamente, una de las más preciosas bendiciones en la vida. Y sin lugar a dudas que Dios ha dotado al cuerpo con una gran capacidad para sanarse a sí mismo (por supuesto, cuidándolo apropiadamente).

Aun varios siglos antes que los médicos hablasen de medicina preventiva, Dios le dijo a Israel que él quería evitar que padecieran las múltiples enfermedades que azotaban Egipto (Éxodo 15:22-27). Justo tres días antes de darles esta promesa, Dios había sacado al pueblo milagrosamente atravesando el Mar Rojo. Se encontraban en el desierto y no tenían agua. Cuando finalmente se toparon con un poco de agua en Mara, se dieron cuenta que no podían beberla; Moisés clamó al Señor desesperado.

Él Señor le contestó a Moisés diciéndole que buscara una rama y la echara al agua. El patriarca obedeció y las aguas amargas instantáneamente se purificaron o "sanaron", haciéndose dulces para beber. Inmediatamente Dios le dijo: "si escuchas atentamente la voz del Señor tu Dios y haces lo que es recto ante sus ojos y escuchas sus mandamientos, y guardas todos sus estatutos, no te enviaré ninguna de las enfermedades que envié sobre los egipcios; porque yo, el Señor, soy tu sanador" (Éxodo 15:26)

La expresión "tu sanador" se deriva del hebreo, *Jehová-Rafá* que significa, literalmente, el Señor que sana. En Jeremías 8:22, esto mismo se traduce "médico". Esto implica todo lo que el médico puede ser y hacer, desde el cuidado de una enfermedad, pasando por su duración, y siguiendo con la instrucción dada a la persona para que mantenga la salud. No solamente que el Señor promete sanar a Israel sino que específicamente declara que su presencia prevendrá la enfermedad. Él dice: "no sólo te sanaré si te enfermas sino que alejaré de ti las enfermedades".

Entonces, la sanidad no se refiere tan sólo a recobrarla una vez perdida sino a su prevención y conservación. En muchas culturas, se manda llamar al médico no sólo porque ha ocurrido una crisis y se necesita una cura sino porque la persona desea ser aconsejada para mantenerse saludable. Hasta en nuestra cultura, un alto porcentaje de visitas médicas son para exámenes y no para tratamiento de enfermedades.

Es Jesús quien, no solo sana sino que sustenta, y quien no solo nos libra de enfermedades sino que nos conduce a la salud. Esa fue la manera en que Cristo como Dios encarnado, Jehová-Rafá, vino a sanar a todos los enfermos (Mateo 12:15). Y como Jesús no ha cambiado (Hebreos 13:8), tenemos derecho a pensar que a Él le preocupan *nuestras* enfermedades.

VIVIENDO ESTE NOMBRE

Vivir en el nombre de Jesús, el Señor que sana, empieza por cuidar el templo en el cual habita Dios, nuestro cuerpo físico (1 Corintios 6:19-20). Si por negligencia en nuestro sabio comportamiento, o por falta de perdón o amargura, o hasta por abuso hemos caído en cama, lo primero que tenemos que hacer es confesar esos pecados (1 Juan 1:9).

Eso es sólo el principio. Las promesas de Cristo son para la sanidad del cuerpo, el alma y el espíritu. Él no sana solamente los corazones heridos (Salmo 147:3). Él restaura almas sufrientes (Lucas 4:18) y sana nuestra infidelidad (Jeremías 3:22). En resumen, Cristo responde en todos los niveles: físico, emocional, mental, espiritual y de aflicción personal. Como lo expresa el salmista: "Él perdona todos mis pecados y sana todas mis dolencias" (Salmo 103:3).

El contexto en esta revelación en particular acerca del carácter de Dios como sanador (Éxodo 15:22-27) es de especial significación para aquellos que deseen vivir diariamente en el nombre de Jesús, el Señor que sana.

Las aguas amargas de Mara reflejan cómo las desilusiones de la vida pueden amargar el alma y agriar nuestra existencia (el uso del agua es simbólico ya que el ser humano está compuesto por 90% de agua... y el agua se contamina rápidamente). Piense en los sentimientos y frustraciones de Israel.

A la distancia, vieron las aguas como su salvación, un manantial de agua refrescante. Hacía tres días que nadie bebía nada y ya estaban empezando a sentir los síntomas de la deshidratación. Uno sólo puede imaginarse la desesperación de aquella gente al darse cuenta que el agua no era potable.

En este momento de la narración es cuando el nombre de Jesús se hace efectivo. Dios le dijo a Moisés que tomara una rama (figura profética del Mesías por venir, como lo clarifica más tarde el profeta Jeremías en 23:5) y la echara al agua. Y así como la rama de Moisés sana las aguas amargas de Mara, Isaías también profetiza (Isaías 53) que el sufrimiento del Mesías en la cruz traería sanidad.

ORANDO EN ESTE NOMBRE

Hoy, orar en el nombre de Jesús, el Señor que sana, es orar con confianza como lo hiciera Jeremías: "sáname, Señor, y seré sano". Significa darnos cuenta que Satanás, como "príncipe de la muerte" buscará robarnos la salud. Por lo tanto, hay que resistirlo en el poder del nombre de Jesús, el Señor que sana.

Armados con la palabra de Dios y sus múltiples promesas de victoria y sanidad, decimos junto con Santiago: "resistid al diablo y huirá de vosotros" (Santiago 4:7)

Es interesante que la palabra "resistrir" *histemi* traducida del griego es la base de la palabra "estar firme" (*anthistemi*) que se usa en Efesios 6:11 donde Pablo exhorta a "resistir las insidias del diablo". *Insidias* viene del griego *methodias* de donde se deriva la palabra inglesa *método*. Nuevamente, el mensaje es claro. Es necesario que en la oración nos mantengamos firmes contra los métodos del diablo preparados para dañar o atacar nuestra salud y felicidad.

Una manera específica de orar es aprender las maneras prácticas de cumplir con las exigencias de Dios con respecto a la salud, como lo encontramos en el texto de la lección de hoy de Éxodo 15:26: "Y dijo: si escuchas atentamente la voz del Señor tu Dios, y haces lo que es recto ante sus ojos, y escuchas sus mandamientos y guardas todos sus estatutos, no te enviaré ninguna de las enfermedades que envié sobre los egipcios; porque yo, el Señor, soy tu sanador".

ORACIÓN PARA HOY

Señor, en tu nombre clamo,
porque al revelarte
como el Señor que sana
has expresado tu naturaleza.

Gracias por enviar a Jesús
para recordarnos,
para recordarme
cuán grande es tu amor
y cuán ilimitado es tu poder para sanar.
Ahora te pido que escuches mi clamor,
porque estoy enfermo, Señor.
Estoy enfermo en mi cuerpo,
Estoy débil en mi alma,
Estoy cansado en mi espíritu;
Estoy abatido y afigido.
Jesús, digo tu nombre.
Oh, Jesús, toca mi cuerpo con sanidad.

Señor Jesús, restaura mi alma y revive mi espíritu.
Salvador y Sanador, quítame el dolor
y restaura mi quebrantamiento.
Echo sobre tus espaldas esta carga
ya que en ella están las marcas
del precio que pagaste para comprar la sanidad
que te estoy reclamando.

Pronuncio tu nombre, mi Sanador,
y, con alabanza en mis labios,
descanso en tus promesas y tu poder
sabiendo que todo saldrá bien.
Tú eres mi Señor-Sanador.
En tu nombre.
Amén.

SANTIFICANDO ESTE NOMBRE

Bálsamo en Galaad: Jeremías 8:22
Baluarte para el desvalido: Isaías 25:4
Dios de toda consolación: 2 Corintios 1:3
Espíritu de vida: 1 Corintios 15:45
Fortaleza de mi vida: Salmo 27:1
Jehová-Rofejá (el Señor tu sanador): Éxodo 15:26
Lugar de descanso: Jeremías 50:6
Manantial de aguas vivas: Jeremías 17:13-14
Médico: Lucas 4:23
Mi fortaleza: 2 Samuel 22:33
Príncipe de vida: Hechos 3:15
Restaurador: Salmo 23:3
Resurrección y vida: Juan 11:25
Salvación de mi ser: Salmo 42:11
Ungüento purificado: Cantares 1:3

18
El novio
Mateo 25:10

AFECTO

En sus *Sermones*, Charles Spurgeon observa: "en el principio, cuando este gran universo estaba en la mente de Dios como el bosque antes de florecer contenido en las semillas; mucho antes que el eco despertara las soledades, antes que surgieran los montes, y mucho antes que la luz atravesara los cielos, Dios amó a sus criaturas escogidas".[1]

Gerhard Tersteegen en *On Inward Prayer* agrega: "nuestro espíritu no pertenece a este mundo ni a las cosas temporales; ha sido creado sólo para Dios y, por lo tanto, disfruta de verdadero compañerismo con Él. Es, y debiera ser, su templo y su residencia sagrada. Su morada es para contemplar, amar y gozar de este beneficioso Ser y reposar en Él, porque para esto ha sido creado".[2]

CONOCIENDO ESTE NOMBRE

El afecto está en el corazón del carácter de Dios, y en el corazón del afecto de Dios está la palabra *redención*. La redención, el acto por el cual Cristo compró nuestra salvación

El novio

en la cruz, es la entrega infinita de amor que Dios hizo por el hombre. Esto quedó revelado en su deseo de encontrar una novia para su Hijo Jesucristo. En este contexto es que miramos a Jesús, el novio (Mateo 25:10).

El título de Novio dado a Cristo aparece en una de las parábolas en donde Él instruye a sus seguidores para que estén preparados para su regreso. Al comparar a la iglesia con la novia que espera la repentina y sorpresiva aparición de su esperado novio, Cristo da un tierno retrato de uno de los aspectos de su relación con nosotros.

Esta parábola aislada se puede considerar como un mero mensaje de preparación más que uno de relación. De todas maneras, otros pasajes nos hablan de la iglesia de Cristo como la "novia", incluyendo tres referencias en Apocalipsis (21:2,9; 22:17). Pablo traza un paralelo entre un marido y su esposa y Cristo y la iglesia (Efesios 5:22-23). De este pasaje aprendemos mucho acerca del amor que Jesús demuestra por sus redimidos.

Primero, *Cristo es el Salvador que se dio a sí mismo por nuestra redención* (Efesios 5:23-25). Al dar su vida, nuestro Señor no sólo está indicando el costo que estuvo dispuesto a pagar por nuestra salvación sino el valor que nos da. Con demasiada frecuencia nos concentramos en el hecho de que nuestros pecados merecían la muerte que pasamos por alto la verdad central: el amor de Cristo por nosotros fue tan grande que para Él, valía la pena pagar el precio.

Segundo, *Cristo es nuestro Santificador, quien pacientemente obra en nosotros para separarnos por completo para Él, y que le pertenezcamos* (Efesios 5:26).

De acuerdo al texto, Él lo hace limpiándonos con el poder de su palabra. ¿Cómo funciona esto? Efesios 5:26 sugiere que el lavamiento de agua por la Palabra es algo que Cristo hace como nuestro novio celestial. Aquí vemos a Cristo, paciente y tiernamente, tomando todas sus promesas y usándolas para lavar nuestras heridas, sanar nuestras llagas y quitar las manchas. Como un novio amante que consuela a la asustada novia diciéndole palabras cariñosas, Jesús se toma el tiempo para limpiarla. Lo hace derramando progresivamente la palabra de Dios a sus necesides. Él no es un tirano dictador que exige la perfección sino que es un tierno Redentor que nos ama y quiere nuestra integridad y pureza.

Tercero, *Cristo es nuestro Sustentador, quien nos nutre, abrazándonos muy fuerte al alimentarnos.* Es interesante, pero las palabras *sustentar* y *cuidar* en este pasaje (Efesios 5:29) son palabras que se usan para "dar de mamar".

De qué manera poderosa ilustra esto la manera cariñosa en la cual Cristo se ha comprometido a sí mismo para protegernos, para responder a cada momento de aflicción, en deleitarse al atraernos cerca suyo para sustentarnos y fortalecernos. Esta terminología nos ayuda a hacernos una imagen del Novio del cual, en otra época, Isaías lo llama "mi amado" (Isaías 5:1).

VIVIENDO ESTE NOMBRE

En su *Ensayos y Soliloquios*, Miguel de Unamuno escribió: "el Dios viviente, el Dios humano, no se alcanza con la razón o con el amor o el sufrimiento. No es posible conocerlo para luego amarlo; debemos comenzar por amarlo, anhelar su presencia, tener hambre de Él antes de que podamos conocerlo verdaderamente".[3]

Vivir hoy en día en el nombre de Jesús, nuestro Novio, es renovar nuestro romance con Cristo. Y así como en el matrimonio el romance se renueva pasando tiempo con la pareja, asimismo debemos pasar tiempo con nuestro Señor. El romance requiere atención, y la atención cultiva el afecto.

Al considerar a Cristo como el Novio, debemos recordar que este título se usa, especialmente, al referirnos a su regreso por la novia. Todo su amor por nosotros tiene su culminación en su deseo de "vendré otra vez y os tomaré conmigo; para que donde yo estoy, allí estéis también vosotros" (Juan 14:3). La respuesta apropiada a su amor es que cultivemos el amor por Él. Y nuestra expectante anticipación de su venida nos urgirá a la santidad de vida, así como la novia se mantiene pura para su futuro esposo. Juan dice: "sabemos que cuando

El novio

Él se manifieste, seremos semejantes a Él...Y todo el que tiene esta esperanza puesta en Él, se purifica así como Él es puro" (1 Juan 3:2-3). Alfred Lord Tennyson lo describe por anticipado.

"Él me llevó hasta las puertas doradas, el reflejo centelleaba; los cielos estallaron con sus miles de estrellas iluminando hacia abajo, ¡penetrando todo!. Las puertas se abrieron y, a la distancia, apareció delante de mí el Novio Celestial, esperando. Purificando mis pecados. ¡El Shabat de la eternidad!

Un shabat intenso y profundo...una luz sobre el reluciente mar...el Novio y la Novia".[4]

ORANDO EN ESTE NOMBRE

Al orar hoy en el nombre de Jesús, nuestro Novio, debemos dedicar tiempo solamente para amarlo. A veces las peticiones ocupan todo el tiempo de oración. Está bien pedir, pero debemos esperar para hecerlo después de la adoración. Ya habrá después mucho tiempo para las peticiones y para interceder. Por ahora, tomémonos de las manos de Jesús. Como la novia en su noche de bodas, que sólo quiere ser abrazada con fuerza por los brazos de Cristo. Adórelo. Exáltelo. Deséelo. Anhele estar con Jesús.

Tomás More, el estudioso del siglo dieciséis que murió por sus convicciones religiosas, aprendió a cultivar este deseo por Cristo. Los brillantes regalos de More fueron los que le abrieron las puertas a la corte del rey Enrique VIII. Uno de los puestos que ocupó fue el de Canciller de Hacienda, una posición equivalente a la actual en el gabinete de los Estados Unidos. Cuando Enrique VIII quiso obtener el divorcio, Tomás More, convencido que esa decisión violaba la Ley de Dios, se opuso. Le dijo al rey: "soy un buen siervo del rey, pero Dios está primero". Esta declaración, registrada en la historia, resultó en la ejecución del sabio.

Aun en el cadalso, More demostró su confianza en Cristo, su amigo y compañero. Condenado pero sin perder el gozo, More les dijo a sus ejecutores: "

Igualmente memorable es la oración hecha por More en su juventud:

"Buen Dios, dame un deseo ardiente de estar contigo, no para evitar las calamidades de este mundo, no tanto para disfrutar el gozo del cielo, sino por simple amor a ti.

"Buen Señor, dame tu amor y tu favor junto al amor por ti, por muy grande que sea, no es merecedor de tu gran bondad. Dame tu gracia para trabajar por estas cosas por las que oro, buen Señor".[5]

ORACIÓN PARA HOY

Querido Dios,
como Isaías, quien dijera hace mucho tiempo atrás:
"vivo entre gente de labios inmundos
y yo soy igual que ellos".
Hoy vengo ante ti.
Padre, hay tanta contaminación en mi mundo;
pareciera como que la pureza fuera un arte perdido.
Pero vengo a ser abrazado por un amor
tan puro y poderoso,
tan reconfortante y atento,
que el espíritu del mundo nunca ha podido
menguar su valor o contaminar su preciosura.

En el nombre de Jesús, el Novio celestial,
me acerco a ti para ser tomado en los brazos
del eterno amor y fuego purificador.
Jesús,
por tu fidelidad, manténme fiel.
Salvador,
por tu santidad, santifícame.
Señor,
por tu amante bondad, haz que el amor que les doy a otros
novios como yo, también sea bondadoso.
Señor Jesús,
me anticipo al día de tu regreso,

pero hasta ese momento,
y en estos últimos días tan infectados de pecado,
decido vivir en la provisión de tu nombre.
Hoy, en nombre del Novio,
vivo con esperanza y santidad.
Por tu gran poder
y amor,
y en tu nombre.
Amén.

SANTIFICANDO ESTE NOMBRE

Amor: 1 Juan 4:16
Bolsita de mirra: Cantares 1:13
Cabeza del cuerpo: Colosenses 1:18
Dios de amor y paz: 2 Corintios 13:11
Dios de consolación: Romanos 15:5
Dios lleno de compasión: Salmo 86:15
El que ama mi alma: Cantares 3:2
Lirio de los valles: Cantares 2:1
Mi amado: Mateo 12:1; Cantares 2:16
Mi canción: Isaías 12:2
Mi muy amado: Isaías 5:1
Ramillete de flores de alheña: Cantares 1:14
Rosa de Sarón: Cantares 2:1
Todo Él deseable: Cantares 5:16

19
Admirable consejero
Isaías 9:6

DISCERNIMIENTO

Henry Martyn, un brillante lingüista inglés que murió en 1812 a la temprana edad de 31 años, tenía una inusual particularidad. Fue el primer inglés que se ofreció como candidato para la recién formada "sociedad misionera" de Inglaterra y el primero en ser rechazado por esa misma sociedad. Pero aun así, no queriendo que se negara su llamado, Martyn fue a la India como capellán para la compañía del este de India.

Allí, tradujo el Nuevo Testamento al indostani y luego marchó a Persia, donde tradujo al árabe y persa. En momentos de profunda frustración con estos idiomas, Henry Martyn aprendió a clamar por unción y discernimiento en el nombre de Jesús para realizar la difícil tarea. Con simpleza y candor, Martyn oró:

> "Señor, soy ciego y estoy desvalido,
> soy estúpido e ignorante.
> Haz que oiga,
> hazme saber;
> enséñame a hacerlo,
> guíame".[1]

Martyn aprendió a comprender modelos bíblicos de oración. Se dio cuenta que un número considerable de oraciones bíblicas no eran por bendiciones materiales sino por discernimiento espiritual. El salmista, por ejemplo, repetidamente eleva oraciones como: "muéstrame", "guíame", "enséñame", "condúceme" e "instrúyeme".

Asimismo Pablo, enfatiza esta realidad en sus oraciones. A los colosenses les escribió: "desde el día que lo supimos, no hemos cesado de orar por vosotros y de rogar que seáis llenos del conocimiento de su voluntad en toda sabiduría y comprensión espiritual" (1:9).

A los filipenses Pablo les dice: "y esto pido en oración: que vuestro amor abunde aun más y más en conocimiento verdadero y en todo discernimiento, a fin de que escojáis lo mejor..." (Filipenses 1:9-10).

Tanto el apóstol Pablo como Henry Martyn habían aprendido un secreto vital: que orar en el nombre de Jesús significa recibir consejo y discernimiento en su máximo nivel porque Jesús es nuestro Admirable Consejero.

CONOCIENDO ESTE NOMBRE

Es Isaías quien nos introduce a la más conocida designación profética que se le da al Mesías: Admirable Consejero (9:6). Isaías está hablando de Aquel que vendrá como última respuesta a todos los problemas de Israel. Esta profecía se dio en un momento de gran turbación para Judá. Había necesidad de un rey que no sólo gobernara con poder sino que pudiera dar "sabio consejo" a situaciones complicadas y ayudara a resolverlas. La mayoría de nosotros podemos identificarnos con estos sentimientos de frustración. Periódicamente, todos nos encontramos con problemas. En el nombre de Jesús, nuestro Admirable Consejero, podemos encontrar ayuda para resolverlos. Al examinar el texto de Isaías 9:6, el erudito hebreo Franz Delitzsch, hace algunas significativas observaciones concernientes a Cristo, nuestro Admirable Consejero.

> El nombre Jesús es la combinación de todos los títulos del Antiguo Testamento usados para designar al Mesías por venir, de acuerdo con su naturaleza y su obra. Los nombres en los pasajes de Isaías 7:14 y 9:6 no se anularon sino que continuaron desde la época de María en adelante, en boca de todos los creyentes. Ninguno de estos nombres ha quedado sin recibir adoración y alabanza. Pero nunca los hemos encontrado juntos en ningún otro lado, como en Isaías; y, en cuanto a esto, también nuestro profeta se muestra a sí mismo como el más grande evangelista del Antiguo Testamento".[2]

Delitzsch también resalta cómo los setenta traductores de la Septuaginta (la traducción griega del hebreo del AT) pone ambas palabras juntas en su traducción, describiendo literalmente a Cristo como "Aquel que aconseja maravillosamente". Una traducción alternativa sería: "maravilla de consejero".

Esto nos da la idea que en Cristo se produce una unión entre su esencia admirable (una persona llena de maravillas, una persona "maravillosa" en sí misma) y el consejero de origen celestial que da discernimiento divino para las dificultades humanas.

La primera vez que ocurre el singular título de Admirable se encuentra en Jueces 13:17-18. La versión Reina Valera de 1960 traduce: "¿cuál es tu nombre, para que cuando se cumpla tu palabra te honremos? Y el ángel de Jehová respondió: ¿por qué preguntas por mi nombre, que es admirable?" La palabra admirable se relaciona directamente con el versículo 19 donde el ángel que hablaba con Manoa: "hizo milagro ante los ojos de Manoa y su mujer".

El nacimiento de Sansón, con posterioridad a la visitación de esta "admirable" aparición angelical es otro ejemplo de la visitación de Dios a su pueblo con admirables respuestas ante situaciones preocupantes.

La palabra "admirable" viene del hebreo *peleh*, que significa "maravilla, milagro o prodigio". Algunas versiones lo traducen como "más allá del entendimiento" (Jueces13:18) o "milagro" (13:19). Es interesante que la raíz primaria de *peleh*, *pavlav* que significa "grande, maravilla o admirable" da la idea básica de "separar" o "distinguir". Obviamente, la idea de estas palabras es que este título para el Mesías por venir, Admirable, indica el hecho de que Él está separado, lejos, apartado, más allá de toda otra fuente de consejo o habilidad. No hay nada comparable. Y cuando esta palabra, Admirable se combina con el término Consejero (del hebreo *yavat*s que significa "advertir, resolver o guiar") tenemos un emocionante concepto de Aquel que da consejo sorprendente, "más allá de todo entendimiento". ¡Uno cuyo consejo es admirable!

VIVIENDO ESTE NOMBRE

Viviendo en el nombre de Jesús, nuestro Admirable Consejero, es enfrentarse a las actividades del día anticipando una abundante provisión de su maravilloso discernimiento, el cual fluye de un ventajoso punto sobrenatural. Debido a que Cristo ve todo lo que hay que ver, su consejo e instrucción, su enseñanza y dirección es todo lo que necesitamos para navegar por el laberinto de todas las circunstancias del día. Más aún, nuestra confianza aumenta al darnos cuenta que Jesús no sólo da discernimiento, sino que él es Discernimiento, la personificación literal de comprensión divina.

Cuando alguien recibe a Cristo como su Salvador personal, generalmente se le dice que Jesús ha venido a su corazón para morar personalmente en él. El apóstol Juan nos dice que esto es cierto (Juan 14:23). Y ya que Cristo, quien es la personificación del discernimiento divino, puede hablar desde el lugar en el cual habita (el corazón de los creyentes), debemos aprender a escuchar su consejo y dirección. Si lo que oímos en nuestro corazón es verdaderamente de Dios, podemos descansar seguros de que su Palabra (Hebreos 4:12) junto con su sabio consejo de dirección espiritual (Proverbios 20:18;15:22) lo confirmará

ORANDO EN ESTE NOMBRE

El himnólogo Charles C. Converse escribió:
"¡Oh, cuánta paz perdemos con frecuencia, oh, cuánto dolor

innecesario soportamos, todo porque no llevamos todo a Dios en oración!"

El discernimiento para el día de hoy no está más lejos que la distancia que nos separa de la oración, si aprendemos a escuchar. Muchos de nosotros nos parecemos a Josué quien después de buscar el "consejo" de su capitán antes del triunfo de Jericó (Josué 5:13-15), falló en buscar el mismo consejo antes de la derrota de Hai (Josué 7:2-5). Piense en "el dolor innecesario" que tuvo que sufrir Josué hasta que se descubrió el pecado de Acán; mientras tanto, Israel tuvo que sufrir la falta de paz.

Pero antes de continuar con la confianza que tenemos en Cristo, nuestro Admirable Consejero, es necesario que pasemos un sustancioso tiempo a solas con Él. Tenemos que dejar que Él nos muestre este día a través de sus ojos. Después de todo, Jesús no dijo solamente "oren", sino que dijo: "velad y orad". Lo que quería significar era: "estén alerta a los subterfugios de Satanás y las potenciales caídas de la carne con que podemos encontrarnos en el día de hoy".

Amado, Satanás tratará hoy de seducirnos y "sacudirnos como trigo", tratando de derrotarnos como quiso hacerlo con Pedro (Lucas 22:31). Debemos anticiparnos en oración y, en el nombre de Jesús, nuestro Admirable Consejero, buscar discernimiento para evitarlo. ¿A quién iremos? ¿Cuáles son nuestros planes? ¿La tentación nos está esperando agazapada? Si estamos cerca de Cristo, Él nos avisará. Después de todo, Él es nuestro discernimiento, y el discernimiento es "el poder o el acto de ver en una situación". Entonces, mientras miramos a Jesús (Hebreos 12:2), Él estará cuidando de nosotros" (Juan 10:28)

ORACIÓN PARA HOY

Señor,
alguien ha dicho alguna vez que
"hay una jungla ahí afuera".
Se refería al mundo que has creado tan bello y perfecto pero
que se ha degenerado tanto por nuestra causa;
nosotros, los humanos lo arrastramos al caer.

Admirable consejero

Querido Señor,
esta jungla es mi domicilio.
No te culpo a ti por el comportamiento animal
de la gente que se dan caza el uno al otro.
Tampoco me estoy quejando del confuso crecimiento
de situaciones que nos previenen claramente
de lo por venir.
Simplemente declaro mi situación y hago mi oración.

Estoy tan agradecido por ti,
Jesús, mi Admirable Consejero,
que estás presente en cada paso que doy para darme
discernimiento,
sabiduría,
perspectiva
y conocimiento.

Hoy, al pararme en el umbral de las demandas
de las obligaciones cotidianas,
hago el siguiente compromiso:
procederé en tu nombre,
dependeré de tu ayuda momento a momento
para saber qué hacer y cómo hacerlo.
Espero penetrar en la jungla con algo de la vida
y la belleza celestial.
En el nombre de Jesús.
Amén.

SANTIFICANDO ESTE NOMBRE

Amigo más cercano que un hermano: Proverbios 18:24
Buen maestro: Marcos 10:11
Buen pastor: Juan 10:11
Consejo: Proverbios 8:14
Espíritu de justicia: Isaías 28:5-6
Gran luz: Isaías 9:2
Juez y legislador: Isaías 33:22
Mi pastor (Jehová-Roi): Salmo 23:1

Morada de justicia: Jeremías 50:7
Palabra de vida: 1 Juan 1:1
Príncipe de los pastores: 1 Pedro 5:4
Rabí: Juan 1:49
Sabiduría: Proverbios 8:12
Sabiduría de Dios: 1 Corintios 1:24
Señor Dios de Israel: Éxodo 34:23
Testigo fiel y verdadero: Apocalipsis 3:14
Un pastor: Juan 10:16
Único y sabio Dios: 1 Timoteo 1:17

20
Piedra principal del ángulo
Salmo 118:22

CONSUMACIÓN

Dios tiene un plan de culminación para su universo y Cristo es a las claras el foco de ese plan. Phillips Brooks, bien conocido por su "pequeña aldea de Belén", lo puso en perspectiva: "lentamente a través de todo el universo, se va construyendo el templo de Dios. Y en cualquier lugar en el que un alma obedece voluntariamente, se apropia del fuego de Dios y es colocada como piedra viva en el muro que sigue creciendo".[1]

Dante, en *La divina comedia* agrega: "levanté mis ojos mirando en lontananza y vi los capítulos diseminados del universo uniéndose y juntándose en un solo libro bajo la austera y tierna mano de Dios".[2]

CONOCIENDO ESTE NOMBRE

Que Cristo es la pieza central del plan eterno de Dios está enfatizado por el uso que le da el salmista a: "piedra principal del ángulo" en relación a nuestro Señor. El significado bíblico, literal, de piedra de ángulo se entiende en toda su magnitud al saber que en el antiguo Israel la colocación de una piedra tenía un significado diferente al que le damos hoy en día. Antes, como ahora, esta piedra era la última en colocarse en su lugar. Generalmente, este emplazamiento iba acompañado por algunas ceremonias que indicaban la terminación de una construcción. Hoy en día colocamos la piedra a nivel del suelo. En el antiguo Israel se colocaba bien arriba, en el lugar más alto. Es por ello que la piedra angular estaba en alto, por encima de todo. A veces, hasta se usaba una piedra diferente como recordatorio de su rol principal destacando que la obra se había consumado.

Esa es la causa por la que a veces no comprendemos las palabras: "la piedra que desecharon los edificadores, ha venido a ser la piedra principal del ángulo". Cristo, la piedra, fue rechazado porque era diferente. Él no se ajustaba a sus preconceptos o especificaciones.

Otra traducción dice: "cabeza del ángulo" o "piedra principal". La idea es que se trata de la "piedra de terminación".

La importancia de este título dado a Cristo es doble. Primero, demuestra el hecho de haber completado la obra de Dios en nuestras vidas y segundo, hace significativa la manera en que Él nos sorprende con sus métodos. Con mucha frecuencia, nuestro razonamiento humano se apropia de las posibilidades que Dios tiene en mente para nosotros. Orar en el nombre de Jesús, Piedra Angular, puede servir como el cemento que nos recuerde ambos aspectos. Podemos estar seguros de que Cristo terminará lo que está haciendo en y por nosotros, y podemos sentirnos tranquilos sabiendo que no necesitamos saber de qué manera lo va a hacer. ¡Hasta puede que Él quiera sorprendernos!

Otra referencia en relación a este aspecto de la persona de Cristo como Piedra Angular se encuentra en el Nuevo Testamento (Mateo 21:42; Marcos 12:10; Lucas 20:17). Significativamente, fue a este título de Cristo al que se refirieron Pedro y Juan (Hechos 4:11) cuando los líderes religiosos les prohibieron que enseñaran o que hablasen de Jesús. Si alguien preguntaba si se referían a Jesús, la respuesta estaba dada en el versículo siguiente: "Y en ningún otro hay salvación, porque no hay otro nombre bajo el cielo dado a los hombres en el cual podamos ser salvos" (Hechos 4:12).

VIVIENDO ESTE NOMBRE

A los ciudadanos de otras tierras, Pablo les recuerda escribiéndoles: "así pues, ya no sois extranjeros ni advenedizos, sino que sois conciudadanos de los santos y sois de la familia de Dios, edificados sobre el fundamento de los apóstoles y profetas, siendo Cristo Jesús mismo la piedra angular" (Efesios 2:19-20).

Aquí el apóstol está mostrando a Cristo como el centro, el foco, el punto fundamental de referencia en la edificación (y terminación) de la iglesia (ver Mateo 16:18). Y, viendo que somos parte de la iglesia de Cristo, el vivir hoy en día en el nombre de Jesús, la Piedra Angular, es vivir en su poder para completar todo lo que Él ha comenzado en nosotros.

Después de todo, Cristo sacrificó toda su vida para "consumar" nuestra salvación. Sus llagas llevan las marcas de la consumación. No es accidental que escribamos declaraciones sobre las piedras al dedicar un edificio. Debemos notar que el cuerpo de Cristo también está "grabado", pero su dedicación fue para nuestro completo perdón, redención, sanidad y salvación... ¡hoy!

Más aun, las inscripciones que se hacen en la piedra se hacen con la esperanza que las generaciones futuras las encuentren y recuerden el pasado. De igual manera, la plenitud de Dios ha quedado escondida en Cristo, la Piedra Angular, incluyendo sus innumerables riquezas y sus inmutables promesas. Al vivir este día en el nombre de Jesús, descansamos en la plenitud de su consumación, como dijera Pablo en Colosenses 2:10: "habéis sido hechos completos en Él". Al comenzar a realizar las tareas del día o mientras esté descansando, estamos completos en Cristo, la Piedra Angular. Su presencia nos cubre todos los días: "Fiel es el que os llama, el cual también lo hará" (1 Tesalonocenses 5:24).

ORANDO EN ESTE NOMBRE

Orar en el nombre de Jesús, la Piedra Angular, es buscar áreas en las cuales podamos proyectar los milagros de Cristo en el día de hoy, "completando" aquello que aún no está consumado en nuestra vida.

¿Hay algo suelto o incompleto? ¿Falta algo en su proceso de maduración o existe algún resentimiento sin resolver todavía? Hoy, en el nombre de Jesús, la Piedra Angular, usted puede reclamar el poder de Cristo para que complete cualquier área de su vida donde la negligencia haya impedido el crecimiento; especialmente aquellas áreas que no se hayan rendido totalmente o estén bajo su control.

Capacitado por Cristo, la Piedra del Ángulo, podemos clamar como Desiderio Erasmo, el santo del siglo XV:

"Sepárame de mí mismo para que pueda agradecerte a ti. Que yo muera a mí mismo para que pueda ser salvo en ti. Que muera a mí mismo para poder vivir en ti. Que yo me marchite para que tú florezcas en mi ser. Que me vacíe de mí mismo para llenarme de ti. Que yo sea nada en mí mismo para ser todo en ti".[3]

ORACIÓN PARA HOY

Querido Padre: escucha mi oración.
Te la ofrezco en el nombre de Jesús,
la Piedra Angular.

Me inclino ante ti ofreciéndote todos los planes que tengo
para este día, o, mejor todavía, para toda mi vida.
Quiero que todo esté bajo tu control y sabiduría
porque sé que soy muy capaz de tratar de construir
cosas que no perduran.

Señor, te pido
por favor que derrumbes cualquier cosa en mi vida

que no esté de acuerdo a tus especificaciones o que no merezcan llevar tu sello de aprobación.
Ayúdame a escuchar tu voz
y a hacer tu voluntad.

En este día, por medio de esta oración, te pido que este nombre domine todo lo que a mí concierne: Jesús, la Piedra Angular.
Quiero construir sobre ti sabiendo que tus sorpresas son mejores que mis más cuidadosos planes.

Señor, ayúdame.
No quiero nada de arena
bajo el fundamento de mi vida.
En el nombre de Jesús.
Amén.

SANTIFICANDO ESTE NOMBRE

Consumador de nuestra fe: Hebreos 12:2
Jesucristo el justo: 1 Juan 2:1
Piedra: Mateo 21:42
Piedra de tropiezo: 1 Pedro 2:8
Piedra escogida: 1 Pedro :2:6
Piedra preciosa: 1 Pedro 2:6
Piedra probada: Isaías 28:16
Piedra viva: 1 Pedro 2:4
Principal piedra del ángulo: 1 Pedro:2:6
Roca de Israel: Génesis 49:24
Señal para los pueblos: Isaías 11:10

21
El que levanta mi cabeza
Salmo 3:3

CONFIANZA

Los cosejeros entrenados rápidamente les advierten a sus clientes que si verdaderamente desean vencer los problemas, deben sacar primero el "no puedo" de su vocabulario. "No puedo seguir con mi esposa"; "no puedo dejar de fumar"; "no puedo controlar mi carácter"; "no puedo conservar el empleo"; "no puedo testificar de Jesús". La lista es tan larga como las tareas que nos ofrecen dificultades y, sin duda, todos nosotros hemos estado afectados por el síndrome del "no puedo" en algún momento. En pocas palabras, Pablo destruye el mito del "no puedo" al confesar: "todo lo puedo en Cristo que me fortalece" (Filipenses 4:13). Ampliando la declaración de Pablo, la versión bíblica, Dios Habla Hoy traduce: "A todo puedo hacerle frente, pues es Cristo quien me sostiene". En otras palabras, estoy listo para hacer cualquier cosa por medio de aquel que me da la fuerza. Soy autosuficiente en la suficiencia de Cristo.

Cuando Pablo dice que podemos hacerle frente a todo "en Cristo", nos está recordando que nuestra confianza y poder está en Cristo quien nos levanta por encima las circunstancias que pudieran estar derrotándonos.

El salmista lo dice muy bien: "Mas tú, Señor, eres...el que levanta mi cabeza" (Salmo 3:3).

CONOCIENDO ESTE NOMBRE

Cuando David huía de su hijo Absalón, fue que escribe del Señor como quien "levanta su cabeza". En estas circunstancias es cuando el rey-pastor de Israel presenta al Señor como "escudo", "mi gloria" y "el que levanta mi cabeza". Todo el salmo describe el significado de esta frase: "el que levanta mi cabeza". Es un salmo que va desde el clamor desesperado en medio de la tribulación hasta la declaración de confianza en el poder del Señor para liberar.

El salmo comienza:"¡Oh Señor, cuánto se han multiplicado mis adversarios! Muchos se levantan contra mí! Muchos dicen de mi alma: para él no hay salvación en Dios" (v.1-2) y termina con la confiada aseveración: "La salvación es del Señor. ¡Sea sobre tu pueblo tu bendición!" (v.8) Este giro del alma de la confusión a la confianza, se centra en la afirmación: "Señor, tú eres el que levanta mi cabeza"

La "cabeza" que se usa aquí se refiere a los derechos de una persona, su autoridad, su posición. Lo que David está diciendo es: "me han robado lo que tengo y lo que soy". Es más, Absalón intentó robarle el reino a David. La introducción al salterio en el Antiguo Testamento dice: "salmo de David cuando huía de su hijo Absalón". Ese es el contexto histórico de este título de Cristo.

Cuatro capítulos enteros en 2 Samuel relatan la gran traición de Absalón contra su padre. Es notable la falta de autoridad de David. Pero estaba decidido a que el Señor lo defendiera. Considere las palabras de David cuando, Shimei, un representante del ejército de Saul, maldice a David cuando huye de Jerusalén cuando Absalón asume como rey. "Quizá el Señor mire mi aflicción y me devuelva bien por su maldición de hoy" (2 Samuel 16:12).

La lección de nuestro texto (Salmo 3:3) y su descripción de Cristo como "el que levanta mi cabeza" es que en Él tenemos a Uno que no se olvidará de nosotros cuando surja la oposición. Él vendrá a nuestra defensa aunque las circunstancias presentes parezcan indicar fracaso. David está diciendo: "Señor, tú me levantarás de esta caída, de esta injusticia". Esta no es una actitud "pasiva", no importa como se vea a los ojos de los hombres. David está siendo positivo. Este salmo exalta a aquel que da la autoridad, los derechos y el poder. Esta es la confesión de fe que sólo Dios es capaz de restaurar lo que el hombre ataca o roba. La base de nuestra confianza es simplemente esta: nadie puede quitarnos lo que Dios quiere que tengamos. Si parece que nos roban, nuestro recurso es el Señor; Él es "el que levanta" (eleva, sube, axalta) nuestro lugar, privilegios, nuestra posición o persona.

VIVIENDO ESTE NOMBRE

Vivir hoy en día en el nombre de Jesús, el que levanta mi cabeza, es vivir en la confianza que seré saturado de la esperanza en Cristo. Dios conoce nuestras debilidades así como nuestras fortalezas y Él puede fortalecer nuestras debilidades y maximizar los puntos fuertes. Su naturaleza es "levantar".

Cuando le aplicamos este título a Cristo, es bueno recordar el origen hebreo de la palabra "levantar". La palabra viene de la palabra hebrea *ruhm* y se usa de manera muy interesante en un gran número de pasajes del Antiguo Testamento. Se usa al referirse a la construcción de una casa (Esdras 9:9), el crecimiento de una planta al ser regada (Ezequiel 31:4), la ubicación de alguien en lugar seguro (Salmo 27:5; 18:49) y la crianza de los hijos (Isaías 1:2;23:4).

Todo esto resulta de aprender a vivir en el nombre de Jesús, el que levanta mi cabeza.

No tenemos que esforzarnos en hacerlo ya que Cristo es quien nos levanta. La gracia de Dios puede cambiar nuestro vocabulario y suprimir los "no puedo". En *Stones and Bread* Gerald Vann escribió: "tratar de ser perfecto significa intentar hacer lo mejor que tú puedes con la gracia particular que Dios te ha dado. No puedes orar como Santa Teresa o cantar como Caruso, pero qué tonto sería si por eso dejaras de orar o de cantar por completo. Lo que Dios te pide es que tú hagas lo mejor posible y no lo mejor de Santa Teresa".[1]

Amado, sé rápido en el día de hoy para reconocer la atención personal que nuestro Señor está listo para dar cuando nuestras cabezas están caídas debido a las circunstancias, el desánimo o la oposición externa. Así como se les indica levantar los brazos debilitados o las piernas flojas a quienes están teniendo luchas (Hebreos 12:13), nuestro Señor, el que levanta mi cabeza, es misericordioso para llenar nuestro día y levantarnos por encima de nuestros temores y fracasos.

ORANDO EN ESTE NOMBRE

En la oración de hoy anticipe cualquier circunstancia que pudiera necesitar especial confianza. ¿Hay alguna tarea difícil que encarar en las próximas horas? ¿Se ha encontrado recientemente con el espíritu de depresión que lo hace sentir como si estuviese caminando sobre arenas movedizas espiritualmente?

Imagínese la situación difícil y piense que Jesús viene hacia usted y le levanta suavemente la cabeza con un tierno toque. ¿Lo puede sentir? El no sólo levanta su cabeza sino que en el proceso, lo levanta y lo pone de pie, con confianza; de la misma manera que lo hizo con Daniel después que el profeta había caído temeroso ante la presencia de Cristo (Daniel 10:1-12).

Amado lector, no le dé a Satanás ni siquiera un centímetro de terreno permitiendo que la condenación limite su efectividad en la oración. Tampoco puede permitir que la inmensidad de sus problemas le presenten un cuadro de imposibilidad, aun antes de acercarse al trono de Dios para pedirle poder. Habrá días en que se encontrará orando como aquellos pescadores de Francia: "querido Dios, sé propicio a mí. El mar es tan extenso y mi barca tan pequeña".[2] Pero, afortunadamente, la magnitud de las circunstancias se disolverán en un momento cuando usted se dé cuenta que Cristo, el que levanta mi cabeza, está sentado a su lado en la barca. Con confianza, usted podrá decir junto a Tennyson, las siguientes palabras de *In Memorium*:

> "En la noche de terror,
> cuando el rugido de la tormenta
> hace oír profundas y atemorizantes voces,
> Sólo la confianza en el Señor
> aplacará ese temor nocturno".[3]

ORACIÓN PARA HOY

Señor, hoy me siento inclinado
a pensar cuán completa es la provisión
que has dado para restaurar todo lo que ha
caído en el ser humano.

Señor, frecuentemente, tengo la cabeza baja
debido a las consecuencias de la caída.
Mi cabeza está gacha por la vergüenza de
mi pecado o mi cobardía, o mis necedades.;
mi cabeza cae porque la gente me ataca
o me critica o no me entiende;
mi cabeza cae porque pierdo la confianza
o la esperanza o la fe en que las cosas se solucionarán.

Pero hoy, la esperanza se yergue.
No sólo tú amas,
salvas,
perdonas
y redimes,
sino que te inclinas para tomarme en tus brazos.
Tú extiendes tus brazos para tomar mi espíritu decaído
y levantar mi cabeza.
Como el padre que le da seguridad a su hijo
que sufre, como la madre que consuela y reconforta
a su hijo lastimado y asustado. ¡Tú levantas mi cabeza!

El que levanta mi cabeza

Te escucho hablando desde tu palabra.
"Yo soy tu gloria y el que levanta mi cabeza".
Y mi corazón dice amén, Señor,
y gracias.
En el nombre de Jesús.
Amén.

SANTIFICANDO ESTE NOMBRE
Baluarte para el desvalido: Isaías 25:4
Consolación de Israel: Lucas 2:25
Cordero de Dios: Juan 1:29
Dios de esperanza: Romanos 15:13
El que tendrá dominio: Números 24:19
Esperanza de Israel: Jeremías 14:8
Esperanza de sus padres: Jeremías 50:7
Libertador: Romanos 11:26
Mi ayuda: Salmo 115:11
Mi esperanza: Salmo 71:5
Mi fuerza y mi canción: Isaías 12:2
Mi pastor: Salmo 23
Nuestra esperanza: 1 Timoteo 1:1

22
Mi Roca
Salmo 31:3

REFUGIO

En sus *Unspoken Sermons* escritos por George MacDonald un siglo atrás, advierte: "qué hombre es tan perfecto en su fe que puede venir a Dios sin el más mínimo sentimiento o deseo personal o aspiración, sin la más leve carga o pensamiento, fracaso o rechazo y decirle: tú eres mi refugio".[1]

El rey David se ajustaba a la medida de McDonald como hombre de fe ya que muy pocos sufrieron las caídas que sufrió este ungido rey. Quizás este sea el motivo por el cual David nos da tantos destellos de la naturaleza y el carácter de Dios al revelarnos sus muchos títulos, incluyendo el título de hoy: mi Roca (Salmo 31:3).

Por medio del sufrimiento fue que David pudo decir que el Señor era su refugio. En el contexto de este título, David dice: "mi vida se gasta... mis fuerzas se agotan... se ha consumido mi cuerpo... como un muerto soy olvidado..." (Salmo 31:10-12)

Pero David había aprendido que fuera cual fuese el conflicto, podía orar con seguridad: "tú eres mi Roca y mi fortaleza y por amor de tu nombre me conducirás y me guiarás" (Salmo 31:3).

CONOCIENDO ESTE NOMBRE

A través de toda la Escritura nuestro Señor se identifica frecuentemente por el título de "Roca". Él es la Roca sobre la cual se edificó la iglesia (Mateo 16: 18; Efesios 2:20). El es nuestra "Roca de refugio" (Salmo 31:2) Él es nuestra "Roca eterna" (Isaías 26:4), "roca que es más alta que yo" (Salmo 61:2), "roca espiritual" (1 Corintios 10:4), "mi roca" y " mi fortaleza" (Salmo 31:3) y "la Roca de mi salvación" (2 Samuel 22:47).

Cada una de estas revelaciones bíblicas de nuestro Señor bosquejan facetas únicas de nuestra Roca. Protege, echa el cimiento, defiende contra el enemigo, nutre y protege durante dificultades y tribulaciones y asegura un lugar estable al poner pie en cada nuevo día. Pero, cualquiera que sea la idea, el foco principal del título de "Roca" es que existe un sitio elevado, exaltado, fuera de alcance, disponible para la persona que se refugie en el nombre de Jesús.

La palabra hebrea que se usa en el Salmo 31:3-4 es *selah*. Nos podemos dar una idea del grado de protección que tenemos en el "refugio" cuando comprendemos que *sela* fue el nombre de una ciudad edomita. Los descendientes de Esaú llamaban "Roca" a esta ciudad debido a que era una fortaleza natural de refugio. Y luego los griegos llamaron "Petra" a esta ciudad. Hay muy pocos sitios que se puedan comparar con Petra en la actualidad. Efectivamente, la ciudad era impenetrable contra cualquier ataque militar y la tecnología y armamento del mundo antiguo. El primer acceso a esta fortaleza era, y sigue siendo, un pasaje muy angosto, una garganta natural llamada *Sik* (dardo, en árabe); tiene aproximadamente un kilómetro y medio de largo y tres metros de ancho. Debido a su ubicación geográfica, puede ser defendida hasta por un pequeño grupo de personas contra cualquier invasión, aun si los atacantes usaran tácticas suicidas. Como señala G.A.

Smith en sus comentarios: "se llega a su interior por pasadizos tan estrechos que casi dos hombres montados a caballo, no pueden ir juntos y el sol no penetra debido a las rocas". ¡Qué poderosa imagen de nuestro Señor, quien es nuestra Roca y Fortaleza, nuestro refugio secreto de cualquier tormenta.

VIVIENDO ESTE NOMBRE

Tan desagradable como pueda resultar pensarlo, es probable que en el horizonte se estén formando algunas nubes de tormenta en el día de hoy. Haríamos bien en prepararnos ante esta posibilidad para que podamos enfrentar la tormenta con seguridad en el nombre de Jesús, nuestra Roca. Especialmente alentadora es la realidad que no sólo habitamos en la Roca sino que la Roca mora en nosotros. El mundo tiene su refrán: "que la 'fuerza' te acompañe". Pero nosotros tenemos la verdad: "¡la Fortaleza está en nosotros! Como escribió Ralph Waldo Emerson en *Self Reliance*: "Impactemos y sorprendamos a la imposición alborotada de los hombres, libros e instituciones, con una declaración de un hecho divino. Manden a que los invasores quiten sus zapatos de sus pies, porque Dios está aquí, en medio nuestro".[2]

El Salmo 31:2-3 describe al Señor, no sólo como nuestra Roca y Fortaleza sino también como nuestra "roca de refugio". La palabra hebrea usada acá es *metsoodaw* (fortaleza) y *maoz* (refugio). Combinadas ambas significan lo siguiente: "un sitio de escape o defensa, combinando la idea de una ciudad que, en caso que el enemigo fuera a atacarla, él mismo quedaría atrapado". En este sentido las palabras empleadas en este salmo conllevan la idea de una trampa o celada. ¡Piense en ello! Las trampas que Satanás coloca delante nuestro, Cristo las convertirá en la trampa en la cual caerá el mismo Satanás. Es interesante que en el mismo sentido en que *selah* (roca) nos trae a la mente la ciudad de Petra (Sela), lo mismo *metsoodaw* (fortaleza) nos recuerda la fortaleza natural de Masada (nombre que se deriva de metsoodaw (fortaleza). Masada era una fortaleza natural usada por Herodes el Grande como puesto militar en época de Cristo. La fortaleza estaba construida sobre una meseta a más de 140 pies sobre el nivel del Mar Muerto. En los años 70 al 73 de la era cristiana, los judíos de la secta de los celotes se sublevaron en armas contra el imperio romano. Resistiron contra Roma durante tres años más que cualquier otro grupo guerrillero debido, sencillamente, a la ubicación protegida de la fortaleza de Masada. De manera similar, nosotros también podremos sentirnos débiles en algún momento y desarmados al enfrentarnos a nuestro adversario. Pero no debemos olvidar nunca nuestra posición en Cristo, nuestro *Selah Metsoodaw*.

ORANDO EN ESTE NOMBRE

Orar en el día de hoy en el nombre de Jesús, nuestra Roca, es orar sabiendo que Cristo es nuestro refugio en cada situación a la que nos enfrentamos. Y, debido a que esas nubes de tormenta que mencionábamos antes, generalmente aparecen antes de la tormenta, dedicaremos tiempo a la oración para otear el horizonte del día, previendo los signos de las dificultades que puedan avecinarse.

Si nos damos cuenta que está por desarrollarse una tormenta, nos podemos apropiar del poder de Cristo, nuestra Roca, para capear esa situación. Naturalmente, cuánto más negras sean las nubes mayores serán las posibilidades de una severa tormenta. Y cuánto más grandes sean las posibilidades de una tormenta, más necesario será que nos metamos corriendo en la fortaleza. Esto nos muestra que habrá momentos en que será necesario pasar momentos extra descansando en la Roca.

Amado, cuando Jesús nos enseñó a orar: "líbranos del mal" (Mateo 6:13) nos estaba enseñando a tomar una posición de guerra en oración, una posición que no significa salir corriendo a la batalla sino el retirarnos a nuestra "fortaleza" que es Cristo (Proverbios 18:10).

Los entrenados guerreros de oración aprenden a pelear sus batallas desde la sala del trono de Dios donde "estamos sentados" con Cristo "en los lugares celestiales" (Efesios 2:6). Amado, nuestros lugares de oración son donde se ganan verdaderamente las batallas espirituales. Samuel D.Gordon escribió: "la verdadera victoria en todo servicio se gana de antemano en oración. El servicio sólo recoge los resultados".[3]

Debido a que Dios habita en medio de las alabanzas del pueblo de Israel (Salmo 22:3), la mejor manera de asegurar que la presencia de Dios "more" en nuestro lugar de oración es llenándolo de oración. Una vez más, la adoración se convierte en algo de vital calidad y efectividad en "¡el nombre de Jesús"!

ORACIÓN PARA HOY

Señor, hoy declaro junto a William B. Bradbury:

"Mi fe descansa en nada menos que en
la sangre y la justicia de Jesús.
No confiaré en ningún dulce proyecto,
sino que me apoyaré totalmente en el nombre de Jesús. Cuando la oscuridad cubra su rostro,
yo descansaré en su gracia inconmovible;
en cualquier tormenta que me encuentre,
mi ancla se afirmará en Cristo, la roca firme.
Todo lo demás es arena movediza.

SANTIFICANDO ESTE NOMBRE

Abrigo: Isaías 32:2
Cuerno de salvación: Lucas 1:69
El Señor, fuerte y poderoso: Salmo 24:8
Esperanza para su pueblo: Joel 3:16
Fortaleza: Nahum 1:7
Mi fortaleza: Salmo 18:2
Mi roca de refugio: Salmo 31:2
Piedra de tropiezo: 1 Pedro 2:8. Isaías 8:14
Piedra no cortada a mano: Daniel 2:34-35

Mi Roca

Refugio contra el viento: Isaías 32:2
Refugio en la tormenta: Isaías 25:4
Roca espiritual: 1 Corintios 10:4
Roca que es más alta que yo: Salmo 61:2
Santuario: Isaías 8:14
Señor, poderoso en batalla: Salmo 24:8
Sombra contra el calor: Isaías 25:4
Sombra de una gran peña en tierra árida: Isaías 32:2
Torre de salvación: 2 Samuel 22:51
Torre fuerte: Salmo 61:3

23
El poder de Dios
1 Corintios 1:24

SUPREMACÍA

A Pedro y sus compañeros, su consejero de secundaria les advirtió que no se apartaran del área del picnic donde estaban todos los alumnos. En las últimas semanas habían ocurrido varias violaciones y un asesinato en el otro extremo del lago. Pero, a pesar que Pedro era un cristiano nacido de nuevo, tenía la curiosidad que suelen tener todos los adolescentes y, a los pocos minutos de bajar del ómnibus él y sus amigos se escabulleron del grupo y se dirigieron a ese sector del lago. Nunca pensaron que algo les pudiese pasar a ellos. Quedaron paralizados cuando se encontraron con un grupo de Ángeles del Infierno al pasar por una zona boscosa. De repente, el cabecilla de la pandilla sacó un enorme arma blanca. De acuerdo a lo relatado por Pedro, tenía tanto miedo que no podía hablar.

-Traté de pronunciar el nombre de Jesús, pero no podía hablar -dijo después, cuando contaba lo ocurrido en el grupo de jóvenes de su iglesia-. Todo lo que pude hacer fue pensar en el versículo de 1 Juan 4:4: "mayor es el que está en vosotros que el que está en el mundo". No me pidan que les explique qué pasó -continuó diciendo- pero en el momento en que pensé en ese versículo, el grandote del cuchillo comenzó a temblar de arriba abajo. Casi no podía sostener el arma. Nosotros no lo podíamos creer. Dio tres pasos atrás y dijo: tienen suerte que hoy yo esté de buen humor y los vamos a dejar ir y les hizo un gesto con la cabeza a los demás para que se fueran. Prácticamente salieron corriendo y se internaron en el bosque.

CONOCIENDO ESTE NOMBRE

Hay algo sobrenatural acerca del nombre de Jesús, ya sea que se pronuncie o se piense. Su nombre es poder personificado, vitalidad, dinamismo y fuerza. En una palabra, el nombre de Jesús significa "supremacía". Pablo nos introduce a esta idea cuando le adjudica a Cristo el título de "Poder de Dios" (1 Corintios 1:24). El apóstol nos presenta a nuestro Señor como el Poder de Dios en dos aspectos: primero, como el resultado de la obra de Cristo en la cruz y, segundo, en contraste con toda noción humana de poder. La base de la idea es que orar en el nombre de Jesús nos coloca dentro de los recursos de la admirable obra del Calvario y má allá de cualquier razonamiento humano.

Una mayor comprensión del significado de este título queda maravillosamente demostrado en la riqueza de palabras usadas en griego para describir a Cristo como el poder de Dios.

Primero, *¡Jesús es nuestro milagro!* Mire el texto para el día de hoy (1 Corintios 1:24) donde Pablo se refiere a Cristo como el Poder de Dios, junto a la referencia del apóstol a Cristo como "el Hijo de Dios *con poder*, de acuerdo al Espíritu de santidad por la resurrección de los muertos (Romanos 1:4, itálicas agregadas). La palabra griega traducida por "poder" en estos dos pasajes es *dunamis* de donde proviene *dínamo*. El significado original es "una fuerza extraordinaria" o "un poder sobrenatural". Como la palabra describe lo que está "por encima de lo común", también se traduce como "milagro" en el Nuevo Testamento (ver Marcos 9:39; Hechos 2:22; 1 Corintios 12:10). Es más, no sería inapropiado traducir 1 Corintios 1:24 como: "Cristo, el milagro de Dios" ya que Él es la manifiesta consumación de lo sobrenatural. Jesús no es solamente nuestro poder. Él es nuestro milagro.

Segundo, *Jesús es nuestra supremacía*. Pablo les dijo a los creyentes romanos que "no hay autoridad sino de Dios" (Romanos 13:1) Y Juan agrega: "pero a todos los que le recibieron les dio el derecho de llegar a ser hijos de Dios, es decir, a los que creen en su nombre" (Juan 1:12). La palabra griega traducida por "poder" en este versículo es *exousia*. El significado básico se relaciona con los privilegios de una persona, o sus derechos, pero se extiende hasta abarcar toda su esfera de influencia o control, incluyendo su "poder" (su control o autoridad).

Cuando los discípulos exclamaron: "¿quién es éste que aun los vientos y el mar le obedecen?" (Mateo 8:27) estaban asombrados porque el campo de poder de Cristo se extendía más allá de lo que ellos se imaginaban. Más tarde, Él transfirió ese mismo poder a sus discípulos cuando les dijo: "Os he dado autoridad para hollar sobre serpientes y escorpiones y sobre todo el poder del enemigo... (Lucas 10:19).

Tercero, *Jesús es nuestro poder*. Dos palabras griegas, *ischus* y *kratos* describen la fuerza o el poder de Cristo. La segunda carta de Pablo a los tesalonicenses habla de la venida de Cristo en "la gloria de su poder" (*ischus* (2 Tesalonicenses 1:9). Esto deja en claro que nadie se le puede resistir. "¿Quién podrá soportar el día de su venida?" pregunta el profeta del AT (Malaquías 3:2). Luego, en Apocalipsis, se adora al Cordero que es digno de recibir el honor, la gloria y el poder (*kratos*) (Apocalipsis 5:13) *Kratos* describe el poder de nuestro Señor, un poder tan intenso que no hay nada que se le resista. Aunque cualquier ilustración humana es pobre para describir esto, un ejemplo podría ser el poder del rayo laser. La luz del laser es tan concentrada que puede penetrar cualquier objeto. En Cristo encontramos concentrado todo el poder del Padre (Colosenses 2:9). Su poder está más allá de todo entendimiento. Finalmente, *Jesús es nuestra magnificencia.* Lucas nos dice que la gente que vio a Cristo echar fuera demonios estaba "admirada de la grandeza de Dios" (Lucas 9:43). La palabra usada acá para poder es megaleitoes, que significa: magnificencia, majestad o admiración". Se describe a Cristo en su poder irresistible, en su majestuosa magnificencia que abarca todo su ser.

VIVIENDO ESTE NOMBRE

El darnos cuenta que Cristo no es sólo nuestro milagro, sino nuestro poder, magnificencia y supremacía, nos da un gran estímulo al encarar las incertidumbres que tenemos por delante.

Primero, *vayamos donde vayamos y hagamos lo que hagamos, tenemos la capacidad de ser un canal para el poder milagroso de Cristo.* Ya sea que compartamos nuestra fe o el milagro de levantar a un hermano caído, podemos esperar que el día de hoy sea un día de milagros.

Segundo, *podemos tomar la supremacía del nombre de Jesús para aplicarlo en aquellas situaciones donde Satanás busque disminuir nuestra autoridad.* Estamos en control de nuestro día porque Cristo está en control, y Él habita en nosotros.

Tercero, *podemos encarar cualquier posible situación conflictiva regocijándonos en el conocimiento que el poder de Cristo va delante nuestro a la batalla.* "No es vuestra la batalla, sino de Dios" (2 Crónicas 20:15).

Finalmente, *tenemos la alegría de vivir el día de hoy saturados de la magnificencia de Cristo.* Con anticipación, vemos su belleza en todas partes: la creación, las circunstancias, y hasta en las relaciones con los demás. El abrazo de un amigo, un soplo de aire fresco, un amanecer o la puesta del sol; todo puede recordarnos la magnificencia de Jesús.

ORANDO EN ESTE NOMBRE

Debido a que vivimos en una sociedad carnal que continuamente está buscando controlar nuestros deseos de la carne, necesitamos venir con decisión ante el Señor clamando su poder sobre cualquier tentación.

Honestamente, dígale a Él si está débil para la lucha. Tómese tiempo para permitir que su magnificencia inunde su ser. Y si usted se enfrenta a una situación en que sólo un milagro puede solucionarla, clame a Dios, quien hizo esta promesa: "Clama a mí y yo te responderé y te revelaré cosas grandes e inaccesibles, que tú no conoces" (Jeremías 33:3). Entonces, usted podrá orar como Patricio de Irlanda:

> "Yo, en el día de hoy, me ato al poder de Dios para aferrarme a Él y dejarme guiar; que sus ojos miren, que su poder actúe, que sus oídos estén atentos a mis necesidades".[1]

Reclame en su oración de este día el milagro de la restauración personal espiritual. Esa es la llave a la supremacía en Cristo. Pídale a Dios como lo hiciera Martín Lutero:

> "Heme aquí, Señor, como una vasija vacía que necesita ser llena. Señor, llénala.
> Soy débil en la fe; fortaléceme.
> Estoy frío en amor; abrígame y hazme ferviente,
> que mi amor pueda llegar a mi vecino.
> No tengo una fe firme y fuerte;
> a veces dudo y no puedo confiar en ti por completo.
> Oh, Señor, ayúdame.
> Fortalece mi fe en ti.
> En ti tengo asegurados todos mis tesoros.
> Soy pobre, tú eres rico y tienes misericordia del pobre.
> Soy pecador, tú eres justo.
> En mí abunda el pecado;
> en ti está la plenitud de la justicia.
> Por lo tanto, me quedaré contigo, de quien puedo recibir,
> pero a quien no puedo dar".[2]

ORACIÓN PARA HOY

Señor Jesús, tú eres Aquel que has dicho:
quédense en Jerusalén hasta que reciban poder de lo alto.

El poder de Dios

Y aquí estoy, a tus pies, Señor.
Vengo a ti, fuente de poder,
y hago de tu trono mi Jerusalén.
He venido a esperar y... a recibir.
Señor, necesito tu poder;
lentamente estoy aprendiendo que mi necesidad
y su provisión son distintas
a lo que yo creía.

Yo creía que necesitaba habilidad para hacer las cosas, pero
tú quieres darme el poder para que sea
paciente,
comprensivo,
perdonador... como tú.

Quería el poder para controlar las cosas,
pero tú me has comenzado a enseñar que tu poder,
que creó todas las cosas,
que sustenta todas las cosas
y que controla todas las cosas,
es suficiente para manejar los asuntos
que me rodean y me conciernen.

Entonces, Señor, empiezo este nuevo día de poder.
Tu día, tu poder,
han llegado a ser mi día y mi alegría.
Tu gozo (el cual he conseguido por medio de tu poder)
ha llegado a ser mi fuerza.

¡Aleluya!
En el nombre de Jesús.
Amén.

SANTIFICANDO ESTE NOMBRE

Adonai-Jehová (soberano Señor;
    Maestro Jehová): Génesis 15:2,8
Brazo del Señor: Isaías 51:9-10
Cristo, poder de Dios: 1 Corintios 1:24
Dios admirable: Isaías 9:6

Dueño de casa: Lucas 13:25
Fortaleza poderosa: 2 Samuel 22:33
Maestro bueno: Marcos 10:17
Poderoso de Israel: Isaías 30:29
Poderoso de Jacob: Isaías 60:16
Poderoso Dios: Salmos 50:1
Poderoso en batalla: Salmo 24:8
Señor Dios Omnipotente: Apocalipsis 19:6
Señor Dios Todopoderoso: Apocalipsis 4:8
Señor fuerte: Proverbios 89:8
Todopoderoso: Apocalipsis 1:8
Valiente: Salmos 45:3

24
La sabiduría de Dios
1 Corintios 1:24

ILUMINACIÓN

En sus *Sermones*, Fredrick Williams Faber escribió: "casi nunca hay un completo silencio en nuestra alma. Dios nos está susurrando incesantemente". Y concluye el estudioso: "cuando en el alma se acallan los susurros del mundo exterior, o se apagan por completo, entonces es cuando escuchamos el susurro de Dios. Él siempre nos está hablando en voz baja, pero nosotros no lo escuchamos debido al ruido, el apuro y las distracciones que tenemos en la vida".[1]

Pablo les dijo a los efesios: "no ceso de dar gracias por vosotros, haciendo mención de vosotros en mis oraciones, pidiendo que el Dios de nuestro Señor Jesucristo, el Padre de gloria, os dé espíritu de *sabiduría* y de revelación en un mejor conocimiento de Él" (Efesios 1:16-17, itálicas agregadas). Pablo le estaba pidiendo a Dios, en Jesucristo, que les diese a los efesios "revelación en un mejor conocimiento de Él". Su intercesión fue: "mi oración es que los ojos de vuestro corazón sean iluminados, para que sepáis cuál es la esperanza de su llamamiento, cuáles son las riquezas de la gloria de su herencia en los santos, y cuál es la extraordinaria grandeza de su poder para con nosotros los que creemos, conforme a la eficacia de la fuerza de su poder" (Efesios 1:18-19).

Dios siempre está anhelando iluminar a sus hijos en lo que a Él respecta, al menos, hasta el punto en que sus hijos sean capaces de ser iluminados. Phillips Brooks observó: "recuerde, Dios siempre le está enseñando hasta donde usted puede aprender. Si usted está sufriendo debido a su ignorancia, entonces... no se desespere. Sea capaz de adquirir mayor conocimiento y le será otorgado".[2]

¿Por qué Dios se revela de la manera en que lo hace? William Law en *A Serious Call to a Devout and Holy Life* responde: "Dios ordena la revelación de una u otra manera, en cierto lugar y en determinado tiempo, no porque sea una sentencia que Él no pueda denegar, no porque sea algún tipo de favor o generosa bondad y, por lo tanto, pueda ser otorgada a su antonjo indiscriminadamente, sino porque Él tiene toda la raza humana, todos los cambios y acontecimientos humanos, la total combinación de las causas y las consecuencias del temperamento humano, todas las acciones de los agentes libres y los efectos completos de cada revelación claramente expuestos ante sus ojos".[3]

Ciertamente, Dios sabe más de lo que nosotros jamás sabremos y sus caminos son más altos que nuestros caminos (Isaías 55:8). Él es infinito en sabiduría y conocimiento y ha escogido revelar toda su sabiduría en la persona de su Hijo Jesucristo a quien Pablo describe como Sabiduría de Dios.

CONOCIENDO ESTE NOMBRE

Pablo no sólo nos presenta a Jesús como el poder de Dios (1 Corintios 1:24) sino que a continuación lo llama :sabiduría de Dios". Seis versículos más abajo, el apóstol nos dice que Cristo "se hizo para nosotros" sabiduría de Dios. Aquí se usa la palabra *sofía* para sabiduría. Cristo no es sólo sabiduría; Él es la sabiduría de Dios. Todo otro esfuerzo no es más que

La sabiduría de Dios

filosofía y sofisticados esfuerzos del hombre para obtener sabiduría, lo que siempre resulta deficiente. Esto se debe a que la verdadera sabiduría proviene solamente de quien origina la sabiduría, el mismo Creador. Es por eso que el escritor de Proverbios lleva toda sabiduría a Dios al declarar: "el principio de la sabiduría es el temor a Dios" (Proverbios 9:10). La Biblia "Dios habla hoy" dice: "la sabiduría comienza por honrar al Señor, conocer al Santísimo es tener inteligencia".

Solamente el Creador puede crear la sabiduría, y, en Cristo, no solo nos envió sabiduría sino que hizo que Cristo se hiciese sabiduría *en* nosotros. La sabiduría y el conocimiento no son lo mismo, por supuesto. El conocimiento es la comprensión o el lado informativo de un asunto mientras que la sabiduría es el lado práctico u operacional. La sabiduría es saber cómo hacer lo que hay que hacer. Es la forma en que algo se realice apropiadamente para que funcione.

Una triste deficiencia de toda la información que brinda la sociedad lleva a la gente a saber lo que quiere hacer, y hasta lo que debe hacer, pero la gente no sabe cómo hacerlo de manera que "funcione". Pero en el nombre de Jesús, como Sabiduría de Dios, descubrimos que Cristo es nuestra "fuente de sabiduría", lo que hace que nuestra vida funcione. Él nos mostrará cómo desarrollar los detalles del día (y las cosas importantes) para que nuestra vida se deslice suave y efectivamente. Para impartir esta sabiduría Cristo nos ha dado su Espíritu Santo, el agente de toda revelación divina (2 Pedro 1:20-21). "Él os enseñará todas las cosas" nos dice Jesús en Juan 14:26. Más tarde, Pablo oró: "...que el Dios de nuestro Señor Jesucristo... os dé espíritu de sabiduría y de revelación en un mejor conocimiento de Él ... que los ojos de vuestro corazón sean iluminados... (Efesios 1:17-18).

A los colosenses, Pablo les escribió: "en quien (Cristo) están escondidos todos los tesoros de la sabiduría y del conocimiento" (Corintios 2:3); tesoros manifestados solamente por la operación del Espíritu de Sabiduría, el Espíritu Santo de Dios.

Cómo vivir y orar en el nombre de Jesús

VIVIENDO ESTE NOMBRE

Si la sabiduría es "el uso correcto del conocimiento" para vivir hoy en el nombre de Jesús, Sabiduría de Dios, es encarar el día de hoy confiando en que la presencia de Jesús nos ayudará lo que ya hemos aprendido acerca de Él. Naturalmente, para lograr esto debemos conocer las promesas de Dios reveladas en su palabra. Dedicar tiempo a leer la Palabra diariamente es esencial para vivir eficazmente en el nombre de Jesús.

Note también cuántas veces la Escritura nos dice que no sólo tenemos que leer las promesas de Dios, sino que debemos vivirlas (Deuteronomio 6:6-9; 7:11-15; 28:1-2; 29:9) Hasta nuestra meditación en la Palabra es continuar "día y noche" (Josué 1:8: Salmos 1:2).

Debemos anticipar las posibles ocasiones en que Dios nos hablará de su milagrosa sabiduría algunas situaciones "por su Espíritu". Pablo se refiere a estas manifestaciones (dones) del Espíritu como a "la palabra de sabiduría" (1 Corintios 12:7-8).

De la misma manera, es emocionante la manera en que el salmista describe los hechos creativos de Dios como expresiones de su sabiduría. Dios sabe cómo hacer que de la nada se produzca algo. Leemos en el Salmo 104:24: "¡Cuán numerosas son tus obras, oh Señor; con sabiduría las has hecho todas; llena está la tierra de tus posesiones". Note también: "Al que con sabiduría hizo los cielos, porque para siempre es su misericordia. Al que extendió la tierra sobre las aguas"... (Salmos 135:5-6). Esto nos sugiere que en Cristo, quien es Sabiduría de Dios, descubriremos el creativo poder de Dios, lo que, literalmente, funciona momento a momento por medio nuestro al vivir en el nombre de Jesús.

ORANDO EN ESTE NOMBRE

Probablemente, ya haya descubierto que muchos nombres y títulos de Cristo en las Escrituras son similares y parecen ser intercambiables. Cristo, por ejemplo, es nuestro Admirable

La sabiduría de Dios

Consejero, dándonos diario consejo; nuestra Gran Luz nos guía; y la Sabiduría de Dios siempre nos ilumina en su palabra. Esta similitud no debe sorprendernos ya que Jesús siempre es todo lo que sus nombres y títulos significan. Él es nuestra lista completa (y más) para cada día. Solamente hemos señalado distintos aspectos en días diferentes como ayuda para lograr todas las facetas de su persona completa.

Hoy estamos remarcando nuestra necesidad de iluminación en las páginas de la palabra de Dios, algo esencial para cada día, si es que vamos a orar eficazmente en el nombre de Jesús. No podemos vivir la Palabra, aplicar la Palabra, orar la Palabra, conocer la Palabra, o ni siquiera comunicar la Palabra sin primero leer la Palabra. Y nuestra capacidad de aplicar la palabra con eficacia será proporcionalmente igual a nuestra disposición de esperar el tiempo necesario en la Palabra para que el Espíritu Santo venga a iluminar nuestra mente con sus promesas.

Tome hoy la palabra de Dios y hágala parte primordial de su oración. Al tener las páginas abiertas delante suyo, puede que desee orar como Juan Calvino acostumbraba hacerlo antes de embarcarse en su travesía diaria en la palabra de Dios:

> "Oh Señor, Padre Celestial, en quien está
> la plenitud de la vida y la sabiduría,
> ilumina mi mente con tu Espíritu Santo
> y dame tu gracia para recibir tu palabra
> con reverencia y humildad,
> sin lo cual, nadie puede comprender tu verdad.
> En el nombre de Cristo.
> Amén.[4]

ORACIÓN PARA HOY

Padre, es tan reconfortante
e inspirador para mi fe leer tu palabra, que dice:
"si alguno de vosotros se ve falto de sabiduría, que la pida a
Dios, el cual da a todos abundantemente y sin reproche, y le

será dada (Santiago 1:5).
Por supuesto que tú bien sabes
que más que perdón necesitamos sabiduría.
Tú dices en tu palabra cuán apropiado fue que
Salomón, teniendo la opción de elegir cualquier
cosa que deseara, pidió sabiduría en vez de riquezas.
Hoy, Señor, al venir ante ti,
me siento muy distinto a Salomón.
Me siento inclinado a tomar el atajo más corto para
buscar soluciones.
Soy muy rápido para suponer que vendrán
respuestas rápidas.
Estoy aquí para hacerte una sola petición que tú
me has enseñado para situaciones como esta:
"pide con fe (sabiduría) sin dudar."
Y me estimulas a creer -de hecho, Padre-yo creo-
Yo sí creo que estás listo para darme en este momento
sabiduría para este día,
sabiduría para tomar decisiones,
sabiduría para hablar y
sabiduría para tocar a otros con tu amor.
Y la razón por la cual creo,
no es solamente porque tú hayas dicho que darás
abundantemente a quienes te pidan,
sino porque has hecho que Jesús sea
sabiduría para mí y en mí.
Y es en su nombre que oro.
Amén.

SANTIFICANDO ESTE NOMBRE

Consejero: Isaías 9:6
Espíritu de justicia: Isaías 28:5-6
Gran luz: Isaías 9:2
Legislador: Isaías 33:22
Maestro: Mateo 23:8

La sabiduría de Dios

Maestro bueno: Marcos 10:17
Mesías: Juan 4:25
Mi lámpara: 2 Samuel 22:29
Morada de justicia: Jeremías 50:7
Palabra: 1 Juan 1:1
Palabra de Dios: Apocalipsis 19:13
Palabra de vida: 1 Juan 1:1
Príncipe de los pastores: 1 Pedro 5:4
Rabino: Juan 1:49
Sabiduría: Proverbios 8:12
Testigo fiel: Apocalipsis 1:5
Testigo fiel y verdadero: Apocalipsis 3:14
Único Dios: 1 Timoteo 1:17

25
El Camino, la Verdad y la Vida
JUAN 14:6

PROPÓSITO

Cuando aquel anciano, quien era considerado el perezoso de la ciudad, vino a Cristo en una reunión de avivamiento, muchos se preguntaron si su conversión corregiría su holgazanería o si sería necesario algún esfuerzo extra en los días por venir. La respuesta llegó a la semana siguiente cuando el nuevo converso oró su primera oración en público en la reunión de oración de mediados de semana.: "Señor, úsame; úsame...¡como asesor!

Pero Dios no está buscando siervos que lo ayuden para asesoramiento. Él tiene un propósito eterno para todos aquellos que respondan en obediencia a su llamado para el servicio. "Porque yo sé los planes que tengo para vosotros, declara el Señor, planes de bienestar y no de calamidad, para daros un futuro y una esperanza" (Jeremías 29:11). Aquí encontramos la promesa del propósito. Y este propósito no se encuentra en una causa o un credo sino en una persona, nuestro Señor Jesucristo, quien se describe a sí mismo como "el Camino, la Verdad y la Vida" (Juan 14:6).

CONOCIENDO ESTE NOMBRE

En *Harvest Time*, Charles Spurgeon afirma: "el mundo no es más que la materialización de los pensamientos de Dios, porque el mundo es una idea a los ojos de Dios. Él lo creó de una idea y todo este templo majestuoso que Él ha creado tiene un sentido".[1] José Hall en *The Pleasures of Study* agrega: "¡El volumen que Dios ha escrito en el mundo no tiene fin! Cada criatura es una letra, cada día una nueva página".[2]

Usted es importante para Dios, una página en la cual Dios anhela inscribir, con la misma firma de su Hijo, una receta para una vida con propósito. Y esa vida de propósito empieza con el reconocimiento que solamente Cristo es el Camino, la Verdad y la Vida. Aunque cada uno de estos términos se puede definir individualmente, Cristo los usa para referirse a sí mismo en una misma afirmación. Es una declaración mejor definida con la palabra *propósito*.

"El Camino", el primer título de la lista, proviene del griego *hodos* y se usa en una gran variedad de sentidos, tanto en el Nuevo Testamento como en la literatura griega. Se puede referir a un sendero angosto hecho por quienes caminaron primero por ahí, o se puede referir a un camino ancho hecho para el paso de carros. También se usa en relación a caminos por los que los soldados marchan a la guerra o hacen grandes procesiones ceremoniales. *Hodos* también se usa para describir la ruta tomada por una embarcación en un río. Es más, todo, desde una ruta principal hasta un angosto sendero está comprendido en esta palabra. Tomado íntegramente, Cristo como nuestro Camino, da la idea de alguien que está con nosotros en las dificultades (camino angosto), en las tentaciones (camino ancho), en las aguas profundas o hasta en las experiencias en el desierto (lecho seco del río). No importa dónde nos encontremos ¡el Camino está con nosotros! Más específicamente, cuando Cristo se describe a sí mismo como el Camino, se está describiendo como quien brinda ayuda para que demos los pasos para acercarnos a Dios y nos asegura que estamos yendo en la dirección adecuada. Como el Camino, Cristo es nuestra constante guía, deteniéndose en cada lugar señalado en el camino para que se cumpla el propósito de Dios para con sus hijos.

Thomás Kempis encontró el Camino y quiso imitarlo con toda la fuerza de su ser. En su inmortal *The Imitation of Christ* quizás se halle el escrito cristiano más devoto de todo lo escrito por este autor:

> *"Yo soy el Camino, la Verdad y la Vida;*
> *sin el Camino, no hay adonde ir;*
> *sin la verdad no hay conocimiento;*
> *sin la Vida no hay existencia.*
> *Yo soy el Camino que debes seguir;*
> *Yo soy la Verdad en la que debes creer;*
> *Yo soy la Vida que debes anhelar".*

Cristo se describe a sí mismo como la Verdad. El comentarista bíblico Herbert Lockyer analiza que Jesús califica como la Verdad porque Él no puede mentir. Él es la suma total de la verdad que enseñó. Él es la garantía de las promesas cumplidas, y Él revela la verdad en cada fase de la vida.[3] En términos prácticos esto nos da la idea que al vivir en Jesús como la Verdad, estoy siendo asistido para no comprometer mi integridad. Tengo la verdad completa morando en mí para enfrentar las muchas demandas de la vida. Tengo la garantía viviente que sus promesas para mí no fallarán y cada situación o período de la vida tendrá validez y sentido. Dicho simplemente, Cristo es el único Camino por el cual andar en la vida ...¡y esa es la verdad!

Considerando la última palabra de la lista, la Vida, el idioma griego usa dos términos, *zoe* y *bios* de donde se derivan las palabras *zoología* y *biología* respectivamente. Hay una contrastante diferencia en el uso de estas dos palabras en el Nuevo Testamento. *Bios* se refiere a la existencia humana, mientras que *zoe* (usada en Juan 14:6) está relacionada con su propósito y destino. *Bios* trata de las funciones esenciales del ser humano, mientras que *zoe* se refiere a las cualidades morales y espirituales de la vida. Jesús es el Zoe, la más alta expresión e intención de la vida. Y, aunque el hombre comparte las características *bios* con el reino animal, está diseñado a conocer *zoe* en una dimensión abundante y eterna. La Biblia dice: "El que tiene al Hijo tiene la vida (*zoe*); y el que no tiene al Hijo de Dios, no tiene la vida (*zoe*) (1 Juan 5:12)

VIVIENDO ESTE NOMBRE

El hombre es algo especial a los ojos de Dios. Es una criatura hecha "con un propósito", para ser poseída por el Zoe, el mismo Cristo. Toda la tierra ha sido designada para preparar al hombre para este propósito. Henry Ward Beecher dijo en *Royal Truth*: "cuando Dios quiso esponjas y ostras, las hizo y puso una sobre una roca y a la otra en el barro. Cuando hizo al hombre, no lo hizo para que fuese esponja u ostra. Lo creó con manos y pies, con cabeza y corazón, con sangre vital y aun le dio un lugar para que se desenvolviera y le dijo: ¡ve y trabaja!"[4]

Vivir en el nombre de Jesús, el Camino, la Verdad y la Vida es tocar el poder-zoe de Cristo en cada tarea que emprendamos. Nada debe dejarse al azar. Pablo les dijo a los corintios: "por tanto, yo de esta manera corro, no como sin tener meta; de esta manera peleo, no como dando golpes en el aire" (1 Corintios 9:26). La meta de hoy es encontrar el plan y propósito de Dios en todo lo que nos toque vivir y declarar su nombre mientras avanzamos en cada tarea. Podemos llevar su propósito a las situaciones familiares, a las relaciones personales, a las entrevistas de negocios, y a las circunstancias estresantes. Podemos llenar este día de propósito, en el nombre de Jesús.

ORANDO EN ESTE NOMBRE

Tres siglos atrás, el obispo Stratford oró de la siguiente manera: "Oh, Señor, no me dejes vivir inutilmente".[5] Cristo quiere hacer fluir utilidad en cada día de vida. La oración diaria es el lugar donde comienza una auténtica vida útil con propósito.

Orar en el nombre de Jesús, el Camino, la Verdad y la Vida es darle propósito al día. Usted puede hacer sus peticiones con firmeza sabiendo que ha encontrado el Camino, que conoce la Verdad y está lleno de Vida. Su día es importante porque ha traído el propósito de Dios a su día por medio de la oración.

Más específicamente, usted puede reclamar el camino de Cristo para el día de hoy en relación a su familia, sus amigos o hasta para los funcionarios de gobierno. Luego puede orar para que la verdad de Cristo fluya en las circunstancias donde Satanás, como el padre de mentiras intentará sembrar profundas semillas de decepción y mentiras. Finalmente, usted puede clamar para que el poder-Zoe de Cristo penetre en todas las áreas de conflicto, aun en aquellas áreas donde cuelga una nube de muerte como una burla para su salud o felicidad. El nombre de Jesús significa vida, vida abundante; ¡y usted puede saturar sus oraciones con la plenitud de esta vida!

Gloria a Dios por la delicia que tiene en este día de poder acercarse a Dios en el nombre de Jesús. ¿Cómo podrá ser derrotado? ¡El Camino lo guiará, la Verdad lo protegerá y la Vida lo apuntalará en todo lo que emprenda! Con alegría, puede unirse a Desiderio Erasmo en su oración:

> "Oh Señor Jesucristo,
> tú has dicho que eres el Camino,
> la Verdad y la Vida.
> No permitas que nos apartemos de ti, que eres el Camino.
> Tú, que eres la Verdad, no dejes que fallemos
> ni que confiemos en nadie más que en ti
> que eres la Vida".[6]

ORACIÓN PARA HOY

*Señor Jesucristo,
me presento ante ti en este día como
el Camino, la Verdad y la Vida.
Mi oración es que tú seas mi Camino,
mi Verdad y mi Vida.
No quiero decir con esto que tú te conformes a mí,
sino todo lo contrario.
Quiero dar cada paso en tu Camino.
Quiero pensar en tu Verdad.
Quiero que mi vida sea en tu Vida.*

*Señor, quiero pedirte que se haga, al menos, un día.
Si puedo gustar la plenitud de este día,
sé que no sólo desearé más mañana sino que tendré
más confianza para que vuelva a suceder... una
y otra vez.*

*Querido Jesús, a diario necesito
instrucciones para saber qué hacer.
Necesito indicaciones de cómo hacer las cosas
e inspiración para poner mis habilidades al servicio
de la tarea a realizar.
Me llena de gozo por adelantado el saber que tú,
el Camino (dando instrucciones)
la Verdad (dando indicaciones)
y la Vida (inspirando)
eres completamente capaz de ser todo eso para mí,
por mí y en mí.
Gracias, Señor.
En el nombre de Jesús.
Amén.*

SANTIFICANDO SU NOMBRE

Apóstol de nuestra fe: Hebreos 3:1
Bueno: Salmo 34:8

Cómo vivir y orar en el nombre de Jesús

Cristo nuestra vida: Colosenses 3:4
Dios de justicia: Isaías 30:18
Dios de mi vida: Salmo 42:8
Dios de verdad: Deuteronomio 32:4
El justo: Hechos 7:52
El que vive: Apocalipsis 1:18
Gran profeta: Lucas 7:16
Mi lámpara: 2 Samuel 22:29
Mi siervo justo: Isaías 53:11
Príncipe de vida: Juan 11:25
Señor Dios de verdad: Salmo 31:5
Verdadera luz: Juan 1:9

26
El Libertador
Romanos 11:26

LIBERACIÓN

El predicador A Welsh se acercó a su púlpito y comenzó el sermón de aquella mañana: "amigos, tengo que hacerles una pregunta. Yo no la puedo contestar. Ustedes no pueden contestarla. Si aquí estuviese un ángel del cielo, él tampoco podría contestarla. Si un demonio del infierno estuviera aquí, tampoco la podría contestar".

La congregación entera esperó ansiosamente las próximas palabras del predicador. Luego de una pronunciada pausa, agregó: "la pregunta es la siguiente: ¿cómo escaparemos nosotros si descuidamos una salvación tan grande?" (Hebreos 2:3)

Jesús es nuestro Libertador, por lo tanto, negar a Cristo como Salvador es negar nuestro único medio de liberación. Tristemente, muchos rechazan su única esperanza de liberación y, de esa manera, se alejan de la liberación. En *Gnomologia*, Thomas Fuller observa sabiamente: "quien haya vivido una mala vida tiene miedo de sus recuerdos".[1]

Cristo es el Libertador que nos ha sacado de la esclavitud del pecado y nos ha traído al completo conocimiento del poder de la santidad de Dios. Como escribiera Charles Spurgeon: "la santidad es el plan ideado por Dios sobre el cual Él construye su templo viviente".

CONOCIENDO ESTE NOMBRE

Pablo nos presenta a Cristo el Libertador en Romanos 11:26. Su referencia es una cita del Salmo 14:6, que luego se cita en Isaías 59:20. La referencia del salmista es de afirmación, más allá del grado de ataque en que se encuentre el creyente por sus enemigos. El Señor lo liberará. El pasaje de Isaías que usa el título "Redentor" en relación a nuestro Mesías, es al que alude Pablo específicamente cuando dice: "este es mi pacto con ellos, cuando les quite el pecado" Aquí hay un voto, un pacto dado por Dios que declara que cuando somos suyos, Él es nuestro Libertador (o Redentor) y "nos quita" el pecado.

Mirando esta realidad más detenidamente, muchos de los aspectos de la obra de nuestro Libertador se pueden encontrar en varios pasajes bíblicos.

Primero notamos que *Cristo nos libera de este "cuerpo de muerte"*. Esta es una referencia a nuestra naturaleza carnal que quiere hacer su propia voluntad (Romanos 7:24).

Segundo, *Cristo nos libera "de mano de nuestros enemigos"* (Lucas 1:74). El salmista identifica muchos enemigos en nuestra contra, quienes "diariamente" intentan devorarnos (Salmo 56:2).

Tercero, *Cristo nos libera "de la boca del león" (2 Timoteo 4:17). Aquí Jesús es representado como el equivalente en el Nuevo Testamento de la liberación de Daniel. Nuestro adversario ruge a nuestro alrededor buscando a quién devorar, pero en Cristo tenemos un Libertador. El rey Darío que puso a Daniel en la fosa de los leones afirmaba que el mismo Señor liberaría a Daniel (ver Daniel 7:16, 20 y 27).*

Finalmente, *Cristo nos liberará de "la ira por venir" como Pablo les enseña a los tesalonicenses (1 Tesalonicenses 1:10).*

El libertador

En el nombre de Jesús descansamos en la esperanza de la próxima venida de Cristo y en el arrebatamiento que hará con nosotros al sacarnos de la tierra antes que caiga sobre ella la hora de tinieblas. Esa será la última liberación que hará por nosotros nuestro Libertador.

La palabra griega para "liberación" en todos estos pasajes es *rumoai*, que significa "rescatar, salvar, liberar, preservar o libertar". Vale la pena destacar las maneras en que esta palabra se usa en la literatura de Homero, como por ejemplo en *La Odisea*. En esa obra se ve la incapacidad de Ulises para salvar (*rumoai*) a sus hombres quienes, a la vista de sus muchos dioses, eran culpables y no merecían la salvación. De la misma manera, los mismos dioses eran incapaces de salvar (*rumoai*) a ningún ser humano más allá de los límites de su propio destino. Pero, ¡aleluya! en Cristo tenemos un Libertador que puede salvarnos a pesar de nuestra culpa. Él es un Dios que nos da un emocionante destino nuevo por medio de la liberación que solamente Cristo puede dar. Pablo escribió: "si alguno está en Cristo, nueva criatura es" (2 Corintios 5:17) Esto implica un destino totalmente nuevo. Nuestro antiguo "destino" de fracaso ahora está gobernado por algo completamente nuevo.

La palabra *libertador* también significa evaluación. Nos da toda una gama de discernimiento que expande ampliamente el título de Libertador. La palabra *libertador* significa:
- librar o salvar del mal o del peligro;
- ayudar a una mujer en el parto;
- decir con palabras, anunciar o proclamar un anuncio;
- dar, transferir, entregar o llevar y depositar en el lugar adecuado;
- Vertir o entregar (como un pozo que derrama 20 barriles al día); y
- Asestar un golpe, "dar un puñetazo".

Estas definiciones nos dan una rica comprensión de las muchas maneras en que Cristo es nuestro Libertador. Igual nos ayuda comprender mejor este hermoso himno:

Este, el más grandioso amor que por los siglos resuena,
Este, el más grandioso amor en lengua eterna,
Este, el más grandioso amor que el mundo canta,
¡Nuestro Dios puede liberarte![2]

VIVIENDO ESTE NOMBRE

Vivir el día de hoy en el nombre de Jesús, nuestro Libertador, es acercarnos a cada circunstancia en el poder liberador de la presencia de Cristo. ¿En qué necesitas liberación en el día de hoy? ¿La ira afecta tu día? ¿Te atribulan pensamientos de lujuria? ¿La infidelidad se ha arraigado tanto en ti que ni siquiera te das cuenta que eres infiel?

Imagínate a ti mismo enfrentando cada una de las tentaciones, una por vez, pero no sólo... Jesús está a tu lado en cada batalla.

Y mientras avanzas por este día con Cristo como tu Libertador a tu lado, toma ánimo al saber que tu liberación es multifacética; la obra de Cristo nunca termina. La Biblia nos dice "que Cristo nos libró de tan grande peligro de muerte y nos librará" (2 Corintios 1:10). Verdaderamente, todos recibimos una auténtica liberación de la culpa por los pecados pasados en el momento en que somos salvos. Pero también hay una creciente o continua liberación del poder de los pecados presentes (en nuestra carne), de los cuales nos vamos dando cuenta a medida que crecemos en Cristo.

Y existe una última liberación de la presencia de los pecados futuros de la que nos daremos cuenta solamente cuando nos encontremos con Cristo. Entonces, nuestra liberación será completa: pasado, presente y futuro.

Piense en las implicancias que esto tiene para su día. No sólo que su Libertador está con usted, sino que ha ido delante suyo, entrando en las circunstancias que normalmente harían que usted cediera ante la tentación. Usted no ha sido liberado solamente del pasado sino que el poder liberador está obrando ahora mismo, en su presente. Lo mejor de todo es que en el nombre de Jesús no tiene por qué temer al fracaso futuro ya que su Libertador está allí, preparando su liberación futura.

ORANDO EN ESTE NOMBRE

Al orar hoy en el nombre de Jesús, su Libertador, ore mencionando las definiciones dadas para "libertador".

Primero, *"libertador" significa librar o salvar del mal o del peligro.* ¿Puede pensar en alguna circunstancia en la cual sean necesarias la "liberación" o la "libertad"? ¿Tal vez un familiar o amigo que esté en peligro? Luche por liberación en esa situación en el nombre de Jesús.

Segundo, *"libertador" significa ayudar a una mujer en el momento del parto.* ¿Hay algo que Dios haya prometido "dar a luz" por su intermedio y todavía no ha nacido? ¿Será éste el momento de hacer nacer esa promesa? Puede que usted desee pedirle para que lo ayude a "pujar" y obtener la victoria, dando a luz en el campo físico lo que está en el vientre invisible.

Tercero, *"libertador" significa proclamar, anunciar, decir con palabras.* Ya es hora para liberar el amor de Cristo a su jefe, su familia, su amigo o cualquier otra persona a quien nunca le haya hablado de la experiencia de la salvación.

Clame ahora mismo por el poder liberador de Cristo para que no pase este día sin obtener la victoria.

Cuarto, *"libertador" significa dar, entregar o tranferir, como quien da un mensaje.* ¿Puede ser que Dios quiera en este día liberar una palabra especial a algún guerrero que esté débil para la guerra?

Quinto, *"libertador" significa verter, como el pozo que vierte agua o aceite.* "Ese empleado, verdaderamente, saca trabajo de encima" es el comentario del jefe hacia un trabajador expeditivo. En este sentido, Dios desea que sus hijos viertan todo lo que hagan. "Todo lo que tu mano halle para hacer, hazlo según tus fuerzas" (Eclesiastés 9:10).

Finalmente, *"Libertador" significa asestar un golpe, "dar un puñetazo"* Amado, usemos el tiempo de oración en este día para que el nombre de Jesús aseste un golpe en dirección a Satanás. Armado con la palabra de Dios, ahora mismo dé algunos avances y recuerde: ¡que avanza más quien alaba! Parece que no hay nada que moleste más a Satanás que un creyente que adora al Dios Altísimo. ¿Por qué no asestar algunos golpes más?

ORACIÓN PARA HOY

Una vez en la historia, oh, gran misterio,
Dios vino a la tierra en carne para que el hombre pudiese verlo.
En Cristo el Salvador, Dios mostró su favor;
quien nos redimió ascendió al Calvario.
La hora fue negra, el infierno retuvo el poder
que partió la carne del Cordero en el madero.
Pero, el poder del infierno quedó quebrado: ¡consumado es! clamó el Cordero. ¡Victoria!
Ven a la montaña, báñate en la fuente,
sumérgete en la sangre derramada por Jesús en la cruz. Clama ahora en el nombre de Jesús, clama ahora para que Él rompa tus ataduras y te redima.
Tú también puedes experimentar la gran liberación,
la sublime redención que te puede llegar como a mí
y limpiarte de toda la culpa y darte libertad.
Por eso grito:
¡Aleluya! y ¡Gloria a Dios!
Por esa gran liberación y gran victoria.

J.W.H.

Querido Señor:
oro como me enseñaste:
"líbrame del mal".

El libertador

Oro como oró David:
"escudríñame, oh Dios, y conoce mi corazón,
pruébame y conoce mis inquietudes,
y ve si hay en mí camino malo,
y guíame en el camino eterno".
Oro para que rompas cualquier otro yugo
que no sea el tuyo; quiero ser tu descípulo,
tu siervo y tu amigo.

Permite que la unción de tu Espíritu Santo
rompa cualquier atadura y libere mi espíritu
para servir a tu santo propósito
y adorar tu santo nombre...¡mi Libertador,
Todopoderoso Jesús!
En tu nombre.
Amén.

SANTIFICANDO ESTE NOMBRE

Abogado: 1 Juan 2:1
Angel de su presencia: Isaías 63:9
Autor de eterna salvación: Hebreos 5:9
Brazo de justicia: Jeremías 23:5
Cordero sin mancha: 1 Pedro 1:19
Cuerno de salvación: Lucas 1:69
Dios mi salvación: Lucas 1:47
Hijo de María: Marcos 6:3
Hombre de dolores: Isaías 53:3
Hombre de guerra: Éxodo 15:3
Mensajero del pacto: Malaquías 3:1
Primogénito de entre los muertos: Apocalipsis 1:5
Puerta de las ovejas: Juan 10:7
Redentor: Isaías 59:20
Rescate: Marcos 10:45
Salvador del mundo: 1 Juan 4:14
Testador: Hebreos 9:16
Torre de salvación 2 Samuel 22:51
Vida eterna: 1 Juan 5:20

27
Señor de Gloria
1Corintios 2:7-8

MAJESTAD

La creación es el reflejo de su Creador y toda la belleza que nos rodea es un espejo de la majestad de Dios. Ya sea que se analice un copo de nieve bajo el microscopio o se estudie una galaxia con la potente lente de un telescopio, toda la creación da testimonio del "majestuoso manto" de esplendor de Cristo. El salmista dice de este manto: "Los cielos proclaman la gloria de Dios y la expansión anuncia la obra de sus manos" (Salmo 19:1) y "El Señor reina, vestido está de majestad" (Salmo 93:1). Decir que nuestro Señor está vestido de majestad es decir que toda la creación resplandece por la excelencia de Cristo. Todo apunta a Él. Y de la misma manera en que el esplendor de un palacio con todo su regio decorado refleja algo de la personalidad del rey, de la misma forma, la creación refleja la magnificencia del carácter de la naturaleza de nuestro Señor.

Pero, más asombroso es el hecho que Dios, que está vestido de majestad, escogió ser la personificación de la majestad cuando vino a la tierra en la forma de su Hijo

Jesucristo. Pablo escribió: "...Dios estaba en Cristo, reconciliando al mundo consigo mismo..." (2Corintios 5:19). En este aspecto es que podemos decir que Cristo es la máxima esencia de la gloria de Dios y la personificación de su inmensurable majestad. Solamente Cristo es la majestad de Dios personificada.

CONOCIENDO ESTE NOMBRE

Pablo resume esta realidad al referirse a Cristo como al Señor de Gloria (1 Corintios 2:7-8). Aunque el concepto de la palabra *gloria* es de excelencia, en 1 de Corintios 2:8 Pablo describe a Cristo como el excelente consumador que excede a su creación. Jesús no es solamente excelencia, sino que es el Señor de la excelencia. Esto se refiere, con toda claridad, tanto a la realeza de Cristo como a su esplendor. La palabra griega *doxa* (de donde deriva doxología) inicialmente concierne al brillo y resplandor. Lo notamos especialmente en 1 Corintios 15:40 donde la palabra *doxa* se refiere a los varios grados de la magnitud y brillantez (gloria) de la luna y las estrellas. El potente resplandor de la majestad de Cristo no es más que la manifestación del mismo Cristo como Dios. La Escritura declara: "Dios es luz y en Él no hay tiniebla alguna" (1 Juan 1:5) y Dios habita en "luz inaccesible" (1Timoteo 6:16).

Lo sorprendente acerca de este texto (1 Corintios 2:7-8) es que centra nuestra atención en la maravillosa sabiduría con la que Cristo se cubre, u oculta su gloria. Con esto, los poderes del infierno y de este mundo no se dan cuenta que este Hombre, que aparenta ser tan débil, tan sin majestad al humillarse a sí mismo en la cruz, es el Señor de Gloria por excelencia. Más aún, de acuerdo con este texto, debido a esta acción prodigiosa Cristo consumó un acto para nuestra gloria (v.7). Verdaderamente, Cristo ocultó su gloria para hacernos partícipes de su excelencia.

Ahora, note la tierna y significativa declaración en la oración sumo sacerdotal donde, específicamente pide: "Padre, quiero que los que me has dado, estén también conmigo donde yo estoy para que vean mi gloria, la gloria que me has dado; porque me has amado desde antes de la fundación del mundo" (Juan 17:24). Aquí, Jesús reconoce dos hechos muy importantes. Primero, su anhelo para que comprendamos el esplendor de su persona y apreciemos plenamente lo maravilloso del amor que lo impulsa a dejar su gloria y esplendor a un lado para venir a nosotros. Segundo, su deseo de que compartamos su gloria con Él, más allá de la posición que ocupemos en la sociedad. Hebreos 2:10 enfatiza esto cuando se refiere a Cristo "llevando muchos hijos a la gloria". Notamos aquí el amor que comienza cuando Él nos "levanta" con Cristo y nos hace "sentar en lugares celestiales en Cristo Jesús" y que continúa "a fin de poder mostrar en los siglos venideros las sobreabundantes riquezas de su gracia, por su bondad para con nosotros en Cristo Jesús" (Efesios 2:6-7).

Es de suma importancia notar que el segundo y único otro lugar en el Nuevo Testamento donde aparece Cristo como Señor de Gloria es en el pasaje que habla de la imparcialidad hacia las personas por su clase social. Leemos en Santiago 2:1: "hermanos míos, no tengáis vuestra fe en nuestro glorioso Señor Jesucristo con una actitud de favoritismo". El pasaje sugiere que debemos ser como Cristo en cuanto a la discriminación; Él sacrificó su vida por "cualquier" persona en este mundo (Juan 3:16; Romanos 10:13). Él nos ha invitado a todos a compartir su gloria con Él. Por lo tanto, como la comunidad de creyentes que somos, no debemos hacer distinciones de glorias terrenales basándonos en la carencia de dones, habilidades o recursos.

Jabod la palabra hebrea para gloria del Antiguo Testamento, se centra más en la idea de solidez que en brillantez. Aquí el concepto de valía o dignidad se relaciona con el peso -como una balanza que pesa metales nobles o piedras preciosas- más que con el brillo que puedan tener esos metales o piedras. En este sentido, la "Gloria de Dios" está en la solidez de su valor, y por su misma naturaleza, literalmente sobrepasa a cualquier otro valor o fuerza que se le compare u oponga.

Señor de Gloria

Por lo tanto, al trasnferirle a Él todas nuestras cargas, no le son pesadas. Todos los pecados, por los que hemos sido pesados y hallados culpables, no tienen condena en su gloriosa majestad demostrada en su muerte por nosotros. Es más, en cualquier lucha, como puede ser la de dos boxeadores o luchadores en un cuadrilátero, nuestro Señor pesa más que nuestros oponentes. Ningún enemigo puede resistir la fuerza de la persona de Cristo o la gloria de su grandeza cuando tomamos nuestro lugar en Él. La idea de peso nos ayuda a entender 2 Corintios 4:17 que nos recuerda que las cargas (peso) de esta vida no son dignos de ser comparados con "la gloria que nos ha de ser revelada" (Romanos 8:18). Al final, resultará "en un eterno peso de gloria que sobrepasa toda comparación" (2 Corintios 4:17).

VIVIENDO ESTE NOMBRE

En este capítulo se le ha prestado mucha atención a la idea de gloria porque se relaciona con el tema que estamos desarrollando, el Señor de Gloria. Pero no debemos pasar por alto el importante hecho que Jesús no es sólo nuestra gloria, sino que Él es el Señor de esa gloria. Y como la gloria es excelencia, esta combinación de términos sugiere que Cristo es el Señor de nuestra excelencia.

¿Qué quiere decir cuando usa el término *Señor* en referencia a Cristo? ¿Y cómo una interpretación de esta expresión nos ayuda a vivir hoy en el nombre de Jesús con gran autoridad?

Por alguna razón, la palabra *Señor* (*Kurios* en griego) no sólo quiere decir "maestro", sino "dueño". La palabra *maestro* sugiere "alguien cuyo servicio se requiere en cualquier terreno" y *dueño* incluye "a alguien que tiene el control de todo y dispone". Jesús es algo más que el mero "Maestro" de la gloria de Dios (excelencia). Él es el "Dueño" de esa excelencia. Cristo tiene a su disposición toda esa excelencia.

Por lo tanto, vivir en el nombre de Jesús, el Señor (dueño y maestro) de Gloria, es manejar nuestros asuntos en el reconocimiento que Cristo es nuestra excelencia y majestad. Toda la gloria de este día es de Él. Todo el reconocimiento que recibamos por los logros obtenidos en el día de hoy, le pertenece a Él. Y declararemos la gloria de Dios a lo largo del día. No debemos cesar de alabar a Dios cuando salimos de nuestro rincón de oración. Debido a que la majestad de nuestro Señor está en todas partes, podemos elevar nuestras alabanzas en todas partes.

ORANDO EN ESTE NOMBRE

Debido a que nuestro Señor está vestido de esplendor (su gloria), orar en el nombre de Jesús, el Señor de Gloria, es saturarnos en oración de su excelencia y majestad. Pablo les dijo a los creyentes de Roma: "vestíos del Señor Jesucristo". Tenemos que tener cuidado para no salir de nuestro lugar de oración sin estar "vestidos" de Jesús. Mire la lista de algunos de los nombres de Jesús y póngaselos en la oración. Dígale al Señor que usted ha decidido usar su provisión para este día, o su excelencia, decisión, confianza, consuelo, o cualquier otro que necesite.

Recuerde, Jesús es siempre todas estas cualidades y muchas más; pero, al declararlas de nuevo, se renueva la frescura y su confianza se incrementa. Como nos recuerda el salmista: "En ti pondrán su confianza los que conocen tu nombre" (Salmo 9:10).

Tómese un tiempo para declarar a Cristo su dueño y maestro en todo lo que haga en el día de hoy. Identifique una circunstancia o situación y diga simplemente: "Jesús, te declaro Dueño de esta circunstancias" o "Señor, proclamo que eres Maestro en esta situación". Finalmente, orar en el nombre de Jesús, el Señor de Gloria, es declarar su majestad, su lealtad y su eterna excelencia en las decisiones, detalles y deseos del día. Es pasar suficiente tiempo con Jesús como para apropiarse de algo de su esplendor e irradiar su presencia a lo largo del día. Es ser, como lo fueron sus discípulos, "testigos oculares de su Majestad" (2 Pedro 1:16).

ORACIÓN PARA HOY

Querido Padre,
vengo a darte gracias en el día de hoy
porque enviaste a Jesús como una
luz que resplandece en la oscuridad de este mundo.
Oro por la sustancia -el sólido peso de gloria-
que se derrama sobre cada alma
y en cada situación que se abre a su luz.

Hoy quiero vivir en su nombre,
el Señor de Gloria.
Deseo que en mi rostro resplandezca Cristo
para poder iluminar de gozo a
quienes vivan en las sombras de las dificultades.
Que de mi ser emane la luz de Cristo
de tal manera que la gente pueda
apropiarse de tu calidez sin darle un aspecto de "religioso".
Que el peso, el auténtico "peso sólido" del carácter
de la realidad de Cristo, crezca en mí.
Que el sello de su personalidad quede estampado en mí.
En su nombre.
Amén.

SANTIFICANDO ESTE NOMBRE

Altísimo: Lucas 1:76
Altísimo: Salmo 18:13
Alto y Sublime: Isaías 57:15
Corona de gloria: Isaías 28:5
Dios de Gloria: Hechos 7:2
Distinguido entre diez mil: Cantares 5:10
Espada afilada: 49:2
Esperanza de gloria: Colosenses 1:27
Gloriosa diadema: Isaías 28:5
Hijo:1 Juan 4:14
Jehová-Elyon (El Señor Altísimo): Salmo 7:17
Juez justo: 2 Timoteo 4:8

Lirio de los valles: Cantares 2:1
Príncipe de príncipes: Daniel 8:25
Príncipe y Salvador: Hechos 5:30-31
Rey: Zacarías 14:16
Rey de Gloria: Salmo 24:7,10
Rey de Israel: Juan 1:49
Rey de Jacob: 41:21
Rey de los santos: Apocalipsis 15:3
Rey de reyes: Apocalipsis 17:14
Rey en su hermosura: 33:17
Rey grande sobre todos los dioses: Salmo 95:3
Rey sobre toda la tierra: Zacarías 14:9
Rosa de Sarón: Cantares 2:1
Señor: Romanos 10:13
Señor Altísimo: Salmo 47:2
Señor de señores: Apocalipsis 17:14
Señor del cielo:1 Corintios 15:47
Señor majestuoso: 33:21
Señor y Salvador Jesucristo: 2 Pedro 3:18
Soberano de los reyes de la tierra: Apocalipsis 1:5
Trono de Gloria para la casa de su padre: Isaías 22:23
Tu Rey: Zacarías 9:9
Unico Soberano: 1Timoteo 6:15

28
El pan de vida
Juan 6:35

ALIMENTO

Hay algo muy particular en la horticultura japonesa, los árboles enanos. Son réplicas exactas de grandes árboles -algunos tienen más de cien años- que crecen en los bosques y que los japoneses cultivan en potes pequeños, no llegando a tener más de 90 cm. de altura. Estos árboles enanos poseen todas las características de los grandes del bosque si se los mira con binoculares.

Al jardinero japonés le da bastante trabajo hacer crecer estas miniaturas. Nacen de semillas y el jardinero va dando distintos pasos para impedir el crecimiento desde muy chiquitos. Para poder impedir el desarrollo normal, lo ponen en recipientes pequeños, donde no tienen ni espacio ni nutrientes suficientes en la tierra. Si nace algún brote, lo podan enseguida. Al final, el árbol no da más brotes y queda enano para siempre.

Lo mismo sucede espiritualmente en el cuerpo de Cristo con quienes no maduran en Jesús. Las encuestas realizadas para averiguar la frecuencia en los hábitos devocionales del pueblo de Dios, revelaron algo atemorizante. De acuerdo con una encuesta que evaluó a 1.500 evangélicos, entre cristianos y pastores, indicó que dedican sólo 60 segundos por día a solas, además de agradecer por los alimentos. Con los líderes no resultó mucho mejor. Ellos dedican un promedio de 90 segundos por día en oración devocional. No nos sorprende entonces que la iglesia esté tan débil ante un mundo impío. El misionero estadista Stanley Jones dijo: "soy mejor o peor si oro más o menos. Se da así con precisión matemática". Cristo dijo que "no sólo de pan el hombre vivirá, sino de toda palabra que sale de la boca de Dios" (Mateo 4:4). Parafraseándolo libremente, podríamos decir: "sin alimento, no hay crecimiento; sin comida, no hay fruto".

CONOCIENDO ESTE NOMBRE

Juan, quien nos muestra una gran variedad de aspectos del carácter de Cristo por medio de sus nombres y títulos, nos presenta también a Jesús como el Pan de Vida (Juan 6:35). El contexto de esta revelación incluye la presentación de Cristo de lo que tradicionalmente llamamos la mesa del Señor (Juan 6:53-58). En ese mismo capítulo se nos dice que se acerca la Pascua, lo que introduce la instrucción de Cristo. Jesús está enseñando que Él es el alimento equivalente al cordero pascual, como así también que es su equivalente redentor. No sólo la sangre del cordero pascual protegió al pueblo de Dios (Éxodo 12:7,13) y los salvó, sino que también el cordero los alimentó (Éxodo 12:8). Pero los discípulos de Jesús están confundidos cuando el Señor dice: "porque mi carne es verdadera comida y mi sangre es verdadera bebida" (Juan 6:55).

Jesús sigue explicando que Él está enseñando una verdad espiritual (v.63) que se insinúa en Éxodo. Allí, la Pascua se describe como proveyendo protección. La sangre del cordero aplicada sobre los postes y el dintel de las puertas establece su completa fe al responder a la promesa de Dios: "cuando yo vea la sangre pasaré sobre vosotros" (v.13). Pero también se le dijo al pueblo que comiese el cordero 9vs.8-10) para tener energía para el viaje que seguiría inmediatamente a su liberación. Y en Juan 6:35 Cristo se presenta Él mismo proveyendo ambos: alimento y liberación. Vemos que Jesús es tanto el Cordero de Dios y el Pan de Vida. No sólo necesitamos ser salvos, necesitamos alimentarnos.

VIVIENDO ESTE NOMBRE

Muchas veces se menciona el pan en la Biblia, lo que nos da una visión de lo que significa vivir diariamente en el nombre de Jesús, el Pan de Vida. Tenemos un ejemplo en el recuento que se hace en Génesis acerca de la caída del hombre. Debido a la maldición del pecado, el hombre se ganaría el pan con el sudor de su frente (Génesis 3:19). Pero en Cristo, nuestro "pan vivo", la salvación se otorga libremente. No tenemos que ganarla; la salvación es un don (Efesios 2:8). Esto nos sugiere que vivir el día de hoy en el nombre de Jesús, el Pan de Vida, es vivir en la plenitud de Cristo como nuestro Salvador.

Más adelante en Génesis leemos que José administraba el grano (pan) durante la hambruna en Egipto y la preocupación por sus hermanos (Génesis 41). Volvemos a encontrar aquí, un cuadro de Jesús como nuestro sustentador. Como el Pan de Vida, Él puede sustentarnos en tiempos de necesidad.

Volviendo a los primeros versículos de nuestro texto de estudio (Juan 6) encontramos el relato de Jesús alimentando a la multitud con muy escasos recursos. Como Pan de Vida, Cristo jamás está incapacitado por las limitaciones de las circunstancias. No importa cuán insignificante pueda parecer una fuente de recursos. Él puede multiplicarla para satisfacer nuestra necesidad. Él es nuestro Proveedor.

ORANDO EN ESTE NOMBRE

Cristo se refiere a sí mismo como "pan" en diez ocasiones en el evangelio de Juan. En una de ellas, se vincula con el maná que recibieron los israelitas en el desierto (compare Juan 6:32 con Éxodo 16:4) Si volvemos a mirar la lección de Éxodo acerca del maná, nos damos cuenta que hay ciertas cosas que nos ayudarán a orar en el nombre de Jesús, el Pan de Vida.

Primero, *era una provisión diaria y fresca proveniente del cielo disponible para la alimentación de cada día* (Éxodo 16:4). Nada de lo que Dios nos da se pone rancio. La Escritura que estamos leyendo hoy ha sido escrita miles de años atrás, pero, en el nombre de Jesús se hace viva, tiene nueva frescura. Si seguimos la lectura sistemática de la Biblia, día a día, hasta podemos sentir que Dios ha ordenado a propósito los capítulos para que los leyéramos en esa secuencia para recibir ese día ese pasaje específico.

Segundo, *había que juntar la provisión diaria cada mañana* (Éxodo 16:4). Un hábito saludable de "celebrar" la palabra de Dios requiere disciplina. No pasa porque sí. Los hijos de Israel se tenían que levantar temprano y salir a recoger la provisión diaria. Para orar con efectividad en el nombre de Jesús, tenemos que buscar el encuentro diario en la palabra de Dios. Todos los reyes del antiguo Israel tenían que tener una copia de la ley de Dios para poder leerla "todos los días de su vida para temer al Señor su Dios... para que sus días se prolongaran... y la de sus hijos" (Deuteronomio 17:19-20). Amado, los días vividos sin la palabra de Dios son verdaderamente débiles.

Finalmente, *cada día requiere la provisión divina de alimento* (Éxodo 16:16-21). Israel descubrió enseguida el principio espiritual de la descomposición. Moisés les dijo: "que nadie deje nada para la mañana siguiente". Esa es la manera en que Dios nos dice que no podemos vivir hoy con el alimento de ayer. Como dice el salmista: "Oh Señor, de mañana oirás mi voz; de mañana presentaré mi oración a ti, y con ansias esperaré" (Salmo 5:3). David hacía de la oración una experiencia diaria. No nos sorprende que lo haya llamado "un hombre conforme a mi corazón" (Hechos 13:22).

Amado, aprópiate hoy del nombre de Jesús, el Pan de Vida, sabiendo que has sido alimentado en su mesa. Declara en oración que Él es tu Salvador, tu Sustentador y Proveedor en cada área donde haya carencia. Y sobre todo, es una cuestión de disciplina espiritual diaria alimentarte a solas con Jesús en su Palabra antes de encarar las demandas de un nuevo día.

ORACIÓN PARA HOY

Padre
estoy aprendiendo que el pan de vida
no se manifiesta donde el grano no ha muerto.
Hoy, al orar en el nombre de Jesús,
tu don de Pan de Vida,
pienso en el precio que se pagó para que yo fuese alimentado
por el pan salvador.
"Si el grano de trigo no cae y muere..."
Al alabarlo hoy por su muerte salvadora
y su vida redentora, pido que lo mismo se refleje en mí mientras aprendo a vivir y orar en su nombre.
Ayúdame.

Enséñame.
Muéstrame cómo morir al egoísmo
y a cualquier residuo que quede de mi propio andar;
que al morir yo pueda dejar que actúes en mí
y viva para alimentar a otros a quienes el
Señor Jesús quiera que toque...
en su nombre.
Amén.

SANTIFICANDO ESTE NOMBRE

Cristo nuestra vida: Colosenses 3:4
Dios de mi vida: Salmo 42:8
El camino, la verdad y la vida: Juan 14:6
El Pan del Cielo: Juan 6:32
El que vive: Apocalipsis 1:18
Fortaleza de mi vida: Salmo 27:1
Grano de trigo: Juan 12:24
La Resurrección y la Vida: Juan 11:25

Maná escondido: Apocalipsis 2:17
Maná: Éxodo 16:31
Ofrenda de grano: Levítico 2:1-10
Pan de Dios: Juan 6:33
Pan de Vida: Juan 6:35
Pan vivo: Juan 6:51
Porción: Salmo 73:26; 119:57
Porción de mi herencia: Salmo 16:5
Príncipe de vida: Hechos 3:15

29
El lucero resplandeciente de la mañana
Apocalipsis 22:16

DESPERTANDO

En *Nine Lectures on Religions* de NoKolaus von Zinzendorf, fundador del movimiento misionero Moravian, en Checoslovaquia, en 1727, escribió: "ningún hombre puede generar fe en sí mismo. Le tiene que suceder algo, lo que Lutero llamó 'la divina obra en nosotros' que nos cambia, nos hace nacer de nuevo, y nos hace completamente diferentes, en corazón, mente, espíritu y todo poder".[1]

Zinzendorf estaba describiendo un despertar espiritual de la persona; algo que viene al corazón de cada individuo que ha tenido un encuentro con el Salvador Jesucristo.

Es interesante que en una reunión comenzada en 1738 por misioneros en Checoslovaquia dirigida por Zinzendorf, un joven inglés (quien posteriormente impactaría al mundo con su teología revolucionaria y su dinámica predicación) experimentaran su propio despertar espiritual. El joven fue John Wesley. Él mismo escribe acerca de su experiencia de renacimiento: "fui sin ganas a la reunión de la calle Aldersgate donde alguien estaba leyendo el prefacio de Lutero de la Epístola a los Romanos. Mientras describía el cambio que Dios hace en el corazón por medio de la fe en Cristo, sentí algo extraño en mi corazón. Sentí que debía confiar en Cristo y nada más que en Cristo para mi salvación; sentí la seguridad que Él me había quitado el pecado y me había salvado de la ley del pecado y de la muerte".[2]

John Wesley se había encontrado con el lucero de la mañana (Apocalipsis 22:16), el generador de todo verdadero despertar espiritual y el divino heraldo de una genuina "¡nueva era!".

CONOCIENDO ESTE NOMBRE

Hay algunas palabras en el griego que nos dan el concepto de Cristo como el lucero de la mañana, la estrella que preanuncia un nuevo día (Apocalipsis 22:16)

Primero, a la palabra *aster* usada en griego por estrella en Apocalipsis 22:16 se le agregan los adjetivos *brillante* y *mañana*. *Brillante* se refiere a la autoridad de Cristo y *mañana* a la frescura de lo nuevo. La idea es que Jesús, como la estrella que anuncia el amanecer, ilumina la oscuridad y nos llama a estar expectantes y renovados.

Segundo, la palabra griega *phosphoros* de la que se deriva el elemento fósforo, es la que aparece traducida como "estrella de la mañana", otro título de Cristo encontrado en 2 Pedro 1:19 que significa antorcha que alumbra, aplicado generalmente al planeta Venus que aparece con inusual brillo en el horizonte, justo antes del amanecer. El hecho que una palabra griega, *phosphorion* (que se traduce "ventana") se derive de la misma raíz de la palabra que se traduce "estrella", nos ayuda a captar el sentido completo de Cristo como nuestro lucero resplandeciente de la mañana. Cristo trae luz como una ventana se abre en una habitación a la radiente luz del sol que ilumina toda la habitación. Y como el sol naciente (estrella por derecho propio) llena la habitación de luz dando inicio al nuevo día, así mismo Jesús es la ventana de Dios abierta para nosotros para que resplandezca toda la frescura de Dios.

Una tercera palabra *anatole*, ocurre en Lucas 1:78 y se traduce "aurora de lo alto" o "sol de un nuevo día". Esta idea de algo "naciente" está en el concepto de la palabra *raíz* del Antiguo Testamento, que se menciona así mismo en Apocalipsis 22:16, donde Cristo se revela como la "descendencia de David", como el lucero resplandeciente de la mañana dando la idea del retoño brotando.

Cuando Jesús se refiere a sí mismo como la Estrella de la mañana, nos está dando tres aspectos de su naturaleza. Primero, su luz pone de manifiesto que la oscuridad de nuestro pecado o sufrimiento, no puede prevalecer. Segundo, su replandor declara que se acerca un nuevo día. Tercero, su resplandor anuncia que su venida está cerca; debemos estar expectantes porque vendrá de nuevo. Todo esto se da en el contexto donde concluye la Escritura. Esta declaración de Cristo diciendo que Él es la Estrella replandeciente de la mañana, muestra cuánto anhela que mantengamos el amor por Él fresco mientras esperamos su venida.

VIVIENDO ESTE NOMBRE

Un misionero en África cuenta la particular costumbre de una tribu que descubrió al ir en procesión con los nativos. Antes de acostarse, los hombres de la tribu se decían *lutanda, lutanda* los unos a los otros. Esa es la palabra para "estrella de la mañana". Al decírselo al irse a dormir era un acuerdo que se levantarían antes del amanecer. La aparición del lucero sería la señal que se aproximaba la aurora y que era hora de levantarse.

Cuán apropiado que el nombre de Jesús, Estrella de la mañana, señala la necesidad de nuestros corazones de estar alertas y comenzar el día en el poder de la presencia de Cristo. Toda actividad significativa del día debe comenzar con nuestra respuesta a Cristo, nuestro Lucero resplandeciente de la mañana y continuar de igual manera a lo largo del día. El corazón de esa respuesta es una actitud de adoración. Una profecía del Antiguo Testamento en relación a la venida del Mesías nos ayuda a sustentar este pensamiento. La primer profecía que aparece en la Biblia referente al Mesías prometido, la estrella, se encuentra en Números 24:17. Muchos eruditos bíblicos creen que esta profecía, dispersa en el mundo antiguo fue lo que llevó a los sabios del oriente a seguir la estrella hasta donde había nacido Jesús. Estos sabios fueron los primeros en "despertarse" a la Estrella de la mañana, levantarse y dirigirse a su encuentro para adorarlo (Mateo 2:1-2). En sentido práctico, podríamos decir que vivir en el nombre de Jesús, la Estrella resplandeciente de la mañana, es levantarse con espíritu de adoración para comenzar el día. Pedro dice que somos "linaje escogido, real sacerdocio" enfatizando la tarea de anunciar "las virtudes de aquel que nos llamó de las tinieblas a su luz admirable" (1 Pedro 2:9). La adoración no está confinada al rincón de oración. Tenemos que alabar a Dios donde estemos. Y esto no significa que debamos hablar o gritar alabanzas todo el día sino que debemos reflejar la naturaleza y el carácter de Dios en lo que hagamos. Debemos llevar su luz a las tinieblas, ya sea en el trabajo, en la escuela o en el vecindario. Jesús dijo: "ustedes son la luz del mundo". Es significativo que tanto en 1 Pedro 1:19 como en Lucas 1:78-79 el Lucero de la mañana (o Estrella) brilla en la oscuridad, en los "lugares en tinieblas" donde se sientan los que "están en sombra de muerte".

Hay dos realidades que serán ineludibles a lo largo del día: estaremos rodeados de personas que "están en tinieblas" y miremos para donde miremos veremos algo "de sombra de muerte". Vivir en el nombre de Jesús es llevar a cada situación oscura y lúgubre el Lucero resplandeciente de la mañana para que la luz de Cristo irradie su poder despabilador.

ORANDO EN ESTE NOMBRE

"Te buscaré de mañana" es una plegaria muy frecuente en la Escritura (Salmo 63:1: Salmo 57:8 y Salmo 108:2) Literalmente significa: desde el despuntar del día tendré hambre de ti. Hasta Jesús, que oraba desde antes del amanecer, sabía el valor que hay en tener comunión temprana con el Padre Celestial (Marcos 1:35). En un sentido práctico podemos

El lucero resplandenciente de la mañana

comenzar orando en el nombre de Jesús, el Lucero resplandeciente de la mañana (el que anuncia el día) con el compromiso de estar a solas con Jesús de mañana temprano. ¿Qué mejor manera podemos encontrar para despertar nuestra sensibilidad espiritual que sumergiéndonos al inicio del día en la plenitud de Dios? Para describir este despertar, D.H.Lawrence escribió en *Shadows*: y si esta noche mi alma encuentra paz en el sueño y se hunde en el olvido, y, si a la mañana se despierta como una flor que se abre al nuevo día, entonces, me sumergiré de nuevo en Dios, recreado".[3]

¡Qué manera de comenzar el día! Sumergido en Dios en la comunión de la oración en el nombre de Jesús. Es como si escuchásemos a Pablo diciéndonos: "despiértate tú que duermes y levántate... que te alumbrará Cristo" (Efesios 5:14). ¡Despierta a los rayos de luz de la gloria de Dios que resplandecen por su ventana en la eternidad! ¡Despierta a la resplandeciente esperanza de un nuevo día en el esplendor de su presencia! Despierta al recordar que ¡Jesús viene nuevamente! Que esto llene su oración cuando hoy ore en el nombre de Jesús, el Lucero resplandeciente de la mañana.

Al despertarse en su presencia recuerde que nada contribuye más a la oración poderosa para despertarse que la alabanza inteligente. William Temple en *The Hope of a New World* enlaza la alabanza con el despertar cuando escribe: "alabar es despabilar nuestra consciencia con la santidad de Dios, purgar nuestra imaginación con la belleza de Dios, abrir nuestro corazón al amor de Dios, consagrar nuestra voluntad al propósito de Dios".[4] Amado, la alabanza nos despierta a la realidad de la verdad de la riqueza de Dios disponible para nosotros en el nombre de Jesús, nuestra Estrella resplandeciente de la mañana.

ORACIÓN PARA HOY

Padre de luz,
en quien no hay cambio, ni sombra, ni variación,
vengo a ti en oración.

Quiero vivir como hijo de luz
y deshacerme de todas las obras ocultas.
Quiero ser luz para ti donde quiera que vaya.
Por eso me presento ante ti en este día en el nombre de Jesús,
la Estrella resplandeciente de la mañana,
Él es quien anuncia el amanecer de tu nuevo día.
Que su vida resplandezca en mí para su
gloria en este mi nuevo día

Que hoy resplandezca de tal manera que la gente vea
tu amor y tu vida en mí
y sepan que en cualquier oscuridad que todavía quede,
tú aún me rodeas.

Permite que esté tan concentrado en Jesús
como el polo de mi vida,
que navegue como en cada ruta como uno que vive en la luz
y no en la oscuridad.
Hoy, me levanto a alabarte a ti, Señor Jesús.
Ven pronto.
Ven pronto y permite que el llamado de la trompeta
anunciando el Lucero de la mañana
sea la última sinfonía de tu máximo levantar como
Sol de Justicia para regir la tierra.

Señor, te amo.
En tu nombre,
Amén.

SANTIFICANDO ESTE NOMBRE

Aurora de lo alto: Lucas 1:78
Descendencia de David: Apocalipsis 22:16
Distinguido entre diez mil: Cantares 5:10
Estrella de la mañana: Apocalipsis 2:28

El lucero resplandenciente de la mañana

Estrella que saldrá de Jacob: Números 24:17
Hierba tierna: 2 Samuel 23:4
Lucero de la mañana: 2 Pedro 1:19
Luz de Israel: Isaías 10:17
Luz de la mañana: 2 Samuel 23:4
Mañana sin nubes: 2 Samuel 23:4
Palabra de Dios: Apocalipsis 19:13
Precursor: Hebreos 6:20
Resplandor de su gloria: Hebreos 1:3
Sol y Escudo: Salmo 84:11

30

El Verbo de Dios
Apocalipsis 19:13

CREATIVIDAD

Samuel Taylor Coleridge, autor de *On the Prometheus of Aeschylus* dijo: "La sabiduría hebrea asevera imperativamente que existe un creador infinito que no se hizo a sí mismo mundo, ni Él es el mundo eterno, ni sacó de sí mismo el mundo por emanación o evolución, sino que lo decidió, ¡y fue así!".

Cuando Dios quieso crear, con un verbo, ese verbo fue en realidad una persona: Jesucristo. ¡Y el "Verbo" fue...y es!(ver Juan 1:1 y Colosenses 1:12-16)

Para captar algo del poder creativo del Verbo, hagamos un viaje imaginario por el universo. Nuestro vehículo espacial viajará rápidamente, a la velocidad de la luz. ¿Cuán rápido es eso? Para empezar, pasaremos la luna en sólo 1.3 segundos. Viajando a 660 millones de millas por hora dejamos el sistema solar, nuestro sol y sus planetas en sólo cinco horas.

Después de cuatro años llegaremos a la estrella más cercana a la tierra. Una vez en la Vía láctea, llegaremos a una nueva estrella aproximadamente cada cinco años. En la Vía láctea hay, por lo menos 100 billones de estrellas, posiblemente muchísimas más, como el doble o el triple. ¡Va a ser un largo viaje! Si viajamos directamente por nuestra galaxia, en línea recta, serán necesarios ochenta mil años de viaje continuo. (Si fuésemos a visitar cada estrella de la Vía láctea, se necesitarían 500 billones de años).

Ahora comienza verdaderamente el viaje. Una vez fuera de nuestra galaxia serán necesarios 2 millones de años para llegar a la galaxia más próxima, Andrómeda. Las galaxias vienen en grupos y la nuestra tiene aproximadamente 17 galaxias separadas, cada una, por lo menos con 100 billones de estrellas. Algunos grupos tienen sólo tres galaxias. Al nuestro, los astrónomos lo han denominado "el grupo local" El más grande de los grupos se llama Hércules y tiene 10.000 galaxias diferentes. Llegaríamos a la primera galaxia de Hércules después de viajar 300 millones de años. Y al final del viaje, dicen los científicos que pasaremos algunos cientos de octillones (cada unidad está seguida de 27 ceros) de estrellas. ¡Oh, qué Palabra poderosa la que creó todo esto!

CONOCIENDO ESTE NOMBRE

En el Apocalipsis, Juan nos presenta a Cristo, el Verbo de Dios (Apocalipsis 19:13) La observación de Juan es sumamente significativa porque en este capítulo solamente remarca no menos de 10 nombres para describir a nuestro Señor agregado al de Jesús. Se llama a Cristo "el Señor, nuestro Dios" (v.1); "el Señor Dios Omnipotente" (v.6); "el Cordero" (vs.7,9); "Fiel" (v.11); "Verdadero" (v.11); "Verbo de Dios" (v.13) "Todopoderoso Dios" (v.15); "Rey de reyes" (v.16); "Señor de Señores" (v.16) "Gran Dios" (v.17). Pero en medio de todas estas expresiones se destaca el título "Verbo de Dios"; el "Verbo", siendo la expresión de todo lo que Dios es, la declaración de toda su voluntad y obras.

La máxima expresión gráfica de este nombre de Jesús se ve en la presentación que Juan hace de él en 1:1. leemos: "en el principio existía el Verbo, y el Verbo estaba con Dios, y el Verbo era Dios". El majestuoso pasaje que sigue (vs.1-18) hace específica mención a Jesús como siendo igual y uno con el Padre; el creador de todas las cosas (v.3), la luz inefable (v.5), hecho carne y habitando entre los hombres (v.14) y siendo la expresión del mismo corazón de Dios (v.17). Pero la función de Cristo como creador es más evidente al referirnos a Él como el Verbo. No sólo ha creado todas las cosas sino que ahora mismo puede hacerlo. F.L.Godet escribe en su comentario: "en la narración de la Creación, seis veces, como refrán o himno aparece la expresión "y dijo Dios". Juan sumariza todas esas expresiones de Dios en un solo decir, vivir y finalizar con actividad e inteligencia, de donde emana todo lo divino; él encuentra la base de todo lo dicho en el Verbo Hablado".[2]

Simplemente, Juan dice: "todas las cosas fueron hechas por medio de Él, y sin Él nada de lo que ha sido hecho, fue hecho (Juan 1:3). La profundidad de lo expresado en estas palabras es que el que habita en nosotros por el Espíritu Santo es Aquel que puede traer al mundo a existencia con el sólo aliento de su palabra. Este es el fundamento de nuestra comprensión de la importancia que tiene el Verbo de Dios en nuestros labios. Cuando oramos en las promesas de Dios, cuando declaramos lo que la palabra de Dios dice, proclamando su verdad y su esperanza en una situación en particular, hay un potencial creativo presente. Eso no significa que reclamamos este poder creativo como proveniente de nosotros, sino que reconocemos la grandeza de Dios en la persona de Cristo, el Verbo de Dios que mora en nosotros y hace realidad por su aliento todo lo que existe.

VIVIENDO ESTE NOMBRE

A pesar que Cristo anhela soplar su poder creativo en nuestro día, es necesario entender que Él elige con frecuencia obrar a través nuestro, sus criaturas. Dios es el autor de la música, pero Él le ha dado al ser humano la capacidad de componerla y ejecutarla. Victor Hugo escribió en *William Shakespeare*: "Dios crea el arte por medio del hombre usando como herramienta el intelecto humano. El Gran Trabajador creó esta herramienta para sí, no tiene otra".[3]

Por ejemplo, hoy en día, podemos crear una atmósfera de amor donde estemos al permitir que Dios nos use para llevar su Palabra creativa de amor a aquellos en necesidad. De la misma manera, podemos dar una palabra creativa de alegría a quienes estén cautivos por el temor y la desesperación. Tomar el nombre de Jesús es tomar la Palabra Viva, al mismo Cristo, y dárselo a quien esté débil (Isaías 50:4).

Y no sólo ha creado este mundo sino que lo sustenta. La Escritura dice que Cristo sostiene todas las cosas por la palabra de su poder (Hebreos 1:3) y que "en Cristo las cosas permanecen" (Colosenses 1:17). En otras palabras, lo que Dios ha creado lo puede mantener. Y aunque la Escritura del Nuevo Testamento nos recuerda que, finalmente, los cielos y la tierra pasarán (2 Pedro 3:10-12) y que "se creará nuevo cielo y nueva tierra" (2 Pedro 3:13) es un hecho que la creación todavía existe en el presente porque Cristo no ha retirado su palabra creativa (Salmo 148:6) Piense en ello. Todo lo que Dios ha creado en la esfera material a la larga se acabará. Todo, excepto su Palabra. "Mi palabra no pasará" (Mateo 24:35; Isaías 40:8). Como nos sigue diciendo Pedro: "esta es la palabra que os fue predicada" (1 Pedro 1:25)

¡Aleluya! De modo que si estoy en Cristo soy una nueva criatura (2 Colosenses 5:17) y tengo asegurada la salvación en la Palabra de Dios, el mismo Cristo, y sobreviviré cuando la tierra haya pasado.

ORANDO EN ESTE NOMBRE

Se ve claro en el texto de Apocalipsis 19:13 que Cristo, el Verbo de Dios, es el agente del Padre cabalgando en justicia, con la espada (su Palabra) saliendo afilada de su boca para herir con ella a todo lo que se oponga para establecer su reino eterno (Apocalipsis 19:11-16) Esto nos sugiere que la Palabra de Dios es la expresión del carácter y habilidad de Cristo enviado por Dios para quebrantar las fuerzas del infierno que resistan su propósito para nosotros. Esto tiene grandes implicaciones para quienes oren en este día en el nombre de Jesús, Verbo de Dios. En Cristo tenemos un Salvador que crea, sustenta y triunfa.

Cómo vivir y orar en el nombre de Jesús

En el nombre de Jesús podemos orar para que el poder creador de Cristo fluya en cada situación que enfrentemos. Su nombre crea, verdaderamente. La creatividad se define como "la combinación de dos ideas separadas para formar una idea totalmente nueva". Por lo tanto, cuando oramos en el nombre de Jesús y le presentamos a Cristo nuestras ideas, Él las combina con su genio creativo dando nacimiento a ideas nuevas. Todo puede comenzar con la más simple de las oraciones, no muy diferente a la de Amy Carmichael:

> "Espíritu Santo, piensa a través de mí
> hasta que tus ideas sean mis ideas".[4]

Además, recuerde el poder sustentador de Cristo al orar en el día de hoy; lo que Cristo ha creado por medio de su anterior oración de fe, Él es capaz de mantenerlo. Puede que usted haya declarado sanidad en una situación que por un tiempo mejoró, pero ahora parece haberse debilitado. En el nombre de Jesús, declare su poder para sostener lo que previamente le ha reclamado en fe.

Más allá de esto, no dude en "gritar" periódicamente con voz de triunfo (Salmo 47:1) al ver que en el nombre de Jesús está garantizada la victoria final. Cristo no sólo crea y sostiene, Él triunfa y eso merece, por lo menos, un modesto grito. Si usted cree que gritar es un exceso emocional reservado estrictamente para fanáticos espirituales, recuerde esto: el mismo salmista que nos reta a "regocijarnos", "alabar", "adorar" y "orar" nos manda a "gritar" (Salmos 5:11; 32:11; 35:27; 132:9).

Porque no se busca un lugar apartado donde pueda levantar la voz reclamando el triunfo contra las posibles contrariedades del día. Gozosamente exalte a Cristo, la Palabra de Dios, que crea, sustenta y triunfa a través de sus hijos.

ORACIÓN PARA HOY

Querido Salvador:
me alegra conocerte como la Palabra.
El sólo saber

que Aquel que creó todos los mundos,
Aquel que existía antes que todo fuera,
está vigilando mi vida, me
da una enorme confianza para hacerle frente hoy,
a las incertidumbres y las obligaciones cotidianas.

Señor Jesús,
habla a mi vida, te pido.
Dame pensamientos creativos.
Provoca sucesos creativos.
Fluye vida creativa.
Que las palabras inspiradas por ti, fluyan de mí
para sanar a la gente.
Que las ideas originadas en ti se encausen
para servir a otros.
Que la renovacion de vida en ti influya esperanza
dondequiera que vaya,
que mucha gente
pueda levantar la vista...
y verte a ti.

Señor, una cosa más.
Gracias porque la Palabra, que eres Tú encarnado,
ha venido a mí con preciosas promesas
escritas para que yo las lea y las reciba.
Jesús, te pido que cada una de las promesas que necesito
para este día se hagan vida, realidad concreta, en mí.
Porque Tú eres la Palabra que mora en mí,
permite que fluya por mi ser.
Oro para que me reveles tu palabra.
En el nombre de Jesús.
Amén.

SANTIFICANDO ESTE NOMBRE

Creador de los confines de la tierra: Isaías 40:28
Creador de todas las cosas: Colosenses 1:16
El Señor creador de los cielos: Isaías 45:18

Emanuel (Dios con nosotros): Mateo 1:23
Hacedor de todas las cosas: Jeremías 51:19
Imagen de Dios: 2 Corintios 4:4
Jehová-Elohim (Eterno Creador): Génesis 2:4-25
Jehová-Osenu (el Señor nuestro Creador): Salmo 95:6
Mi Creador: Job: 35:10
Palabra: Juan 1:1
Palabra de vida: 1 Juan 1:1
Precursor: Hebreos 6:20
Principio de la creación de Dios: Apocalipsis 3:14
Principio: Colosenses 1:18
Testigo a las naciones: Isaías 55:4
Testigo fiel: Apocalipsis 1:5
Tu Creador: Isaías 54:5

31
Capitán del ejército del Señor
Josué 5:14

VICTORIA

Massena, uno de los generales de Napoleón durante su reinado en Francia, apareció sorpresivamente en un indefenso pueblo austríaco con un regimiento de dieciocho mil tropas. El consejo del pueblo estaba a punto de presentar la rendición cuando un anciano ministro de la iglesia de la comunidad les recordó que era Pascua. Les rogó que tuvieran los servicios como de costumbre, confiando en que el Señor se encargaría del problema. Sin muchas ganas, los miembros del consejo accedieron. Asombrosamente, al escuchar repicar jubilosas las campanas de la iglesia, el regimiento francés creyó que todo el ejército austríaco había venido a defender el pueblo, y huyeron despavoridos. Un ejército de dieciocho mil combatientes había sido derrotado por una campana.

Las victorias para el pueblo de Dios vienen en variadas medidas y formas. A veces, hasta parece que Dios prepara ciertas situaciones para manifestar su soberanía. Desde su aventajada ubicación, la vista siempre es victoriosa. Como el puritano Jonathan Edwards explica en *A History of the Work of Redemption*:

Sin lugar a dudas, Dios está completando un diseño y llevando a cabo un proyecto con los muchos cambios y revoluciones que a través de los siglos ha sufrido el mundo. Es más razonable suponer que todas las evoluciones, desde el principio del mundo hasta el fin, son varias partes del mismo proyecto preparadas para que se cumpla el gran evento en el cual el Gran Creador y Gobernador del mundo tiene en vista".[1]

CONOCIENDO ESTE NOMBRE

La última victoria de Dios está centrada en una persona: el Señor Jesucristo. Para nuestra mejor comprensión acerca de lo que significa vivir y orar en el nombre de Jesús, llegamos al último título a considerar: Capitán del Ejército del Señor (Josué 5:14).

La mención bíblica de este título ocurre inmediatamente después que los israelitas cruzan el Jordán y justo antes de la batalla de Jericó. Josué estaba estudiando el ataque a aquella ciudad fortificada cuando se le apareció el Señor. Este encuentro revela al Señor como el Capitán de los Ejércitos" (o comandante del Ejército del Señor). Inclusive, en los primeros cinco versículos del capítulo 6, Dios le da a Josué una lista para seguir determinadas indicaciones extrañas si querían obtener al victoria (Josué 6:1-5).

Esta aparición de Cristo a Josué es denominada por los teólogos como "Cristofanía", de las palabras griegas *Cristos*, Cristo y *phaneros*, manifestación. Una Cristofanía es una manifestación o aparición de Cristo previa a su nacimiento. (Otras manifestaciones similares son la aparición física a Abraham en Génesis 18 y a los padres de Sansón en Jueces 13:20).

La aparición de Cristo en Jericó es notable por la manera inusual de contestarle a Josué la pregunta "¿eres de los nuestros o de nuestros enemigos?" (Josué 5:13). Cristo le responde: "No, más bien vengo ahora como capitán del ejército del Señor" (v.14). En otras palabras, Cristo está diciendo que ha aparecido en el conflicto para cumplir la voluntad de Dios. La idea es: he venido a hacer lo que el Padre quiera y no lo que haya determinado algún hombre limitado por su propio razonamiento de hacer lo mejor en esta situación".

Las victorias que el Señor quiere darnos requieren tanto que nos comprometamos como que nos sometamos a sus planes y propósitos en vez de ir detrás de nuestras opiniones o intereses. Cuando en la Guerra Civil le preguntaron a Abraham Lincoln si creía que Dios estaba de su lado, contestó: "no me preocupa tanto saber si Dios está de mi parte, como el saber que yo estoy de su parte".

El mismo Jesús sirve como bello ejemplo de espíritu de sujeción en Hebreos: "porque convenía que aquel para quien son todas las cosas y por quien son todas las cosas, llevando muchos hijos a la gloria, hiciera perfecto por medio de los padecimientos al autor de la salvación de ellos" (Hebreos 2:10). El punto aquí es que el paso a la victoria, frecuentemente es a través del valle de dolor o sufrimiento. Pero tenemos esta esperanza inamovible: no importa cuál sea la magnitud del conflicto o el grado de sufrimiento, nuestro Capitán está presente y ha estado presente antes. ¡Jesús sabe exactamente lo que tiene que hacer!

VIVIENDO ESTE NOMBRE

Hay dos títulos en "Capitán del Ejército del Señor". Cristo es nuestro Capitán en el conflicto así como el Señor del Ejército en nuestra guerra. Esto nos da un tremendo aliento al enfrentar las batallas del día en el nombre de Jesús. Los ejércitos del cielo, los innumerables ángeles, están bajo el comando de Cristo. Él está dirigiendo ese ejército -al que no mandó llamar en su padecimiento en el Calvario- para servir a nuestros intereses (Mateo 26:53; Hebreos 1:14).

El equivalente del Nuevo Testamento al título dado en el Antiguo: "Señor del Ejército" es Jehová-Sabaot (Romanos 9:29; Santiago 5:4) Charles Spurgeon, al explicar este título dice: "el Señor (Jehová-Sabaot) gobierna a los ángeles, las estrellas, los elementos y todas las huestes del cielo y los cielos de los cielos están bajo su dominio.

Los ejércitos humanos, aunque ellos no lo sepan, están sujetos a su voluntad. Como General de las fuerzas de la tierra, el Supremo Comandante de los mares, Cristo está de nuestro lado, es nuestro máximo aliado. Pobre de aquellos que pelean contra Él porque tendrán que huir como humo arrastrado por el viento cuando Él ordene su dispersión".[2]

En Isaías 37:36, el profeta da un notable ejemplo de este poder angélico. Aquí, un solo ángel, ante la orden del Señor del Ejército destruye un vasto ejército de casi doscientos mil asirios en una sola noche. ¡Piense en ello! Si un ángel solo puede hacer tanto daño, imagínese el potencial de doce legiones de ángeles (setenta y dos mil ángeles) que Jesús dijo que podía utilizar en su crucifixión, si hubiese querido (Mateo 26:53). Y tome en cuenta que estos mensajeros celestiales están ahora a nuestra disposición (Hebreos 1:14). No nos sorprende que Lutero haya escrito:

> "Nuestro valor es nada aquí,
> con él todo es perdido;
> mas por nosotros pugnará de Dios,
> el escogido.
> ¿Sabéis quién es? Jesús.
> El que venció en la cruz,
> Señor de Sabaoth,
> y pues Él sólo es Dios,
> Él triunfa en la batalla".[3]

ORANDO EN ESTE NOMBRE

En el encuentro de Josué en Jericó con Cristo, su Capitán, hay lecciones prácticas para oración personal (Josué 5:13-6:6) Y estas lecciones son valiosas para poder vivir y orar con efectividad en el nombre de nuestro Señor y Capitán.

Primero, *jamás se meta en una batalla sin consultar con el Capitán.* La victoria que Dios quiere que vivamos en el día de hoy en el nombre de Jesús, requiere que recibamos las estrategias de nuestro Capitán para la batalla. Como Josué, necesitamos tener un encuentro cara a cara con Cristo en oración personal. No podemos esperar que Dios nos hable si no estamos dispuestos a escuchar. Segundo, *adore al Señor en reverencia y humildad antes de buscar su guía* Josué se humilló delante del Señor en un acto de adoración y reverencia y le preguntó a Dios:"¿qué dice mi Señor a su siervo?" (Josué 5:14). Si bien es cierto que ya hemos enfatizado la alabanza en nuestro estudio, pero nunca es suficiente.

Tercero, *busque mantener la pureza personal como resultado de su encuentro con Cristo* Si escuchamos atentamente durante el tiempo a solas con el Señor, seguramente escucharemos lo que nos dice, como lo hizo Josué: "quítate las sandalias de tus pies, porque el lugar donde estás es santo" (v.15). Las pureza es esencial para una oración productiva. La Escritura nos recuerda que la oración del "justo" vale mucho (Santiago 5:16). Cuarto, *solamente aquellos que escuchan y obedecen pueden experimentar la totalidad de la victoria prometida por Cristo* Josué no sólo escuchó lo que el Capitán le dijo sino que obedeció cada detalle. La obediencia es la llave a la victoria. No hay nada que honre o deleite más a Dios que un espíritu obediente.

En su obra imaginativa The Screwtape Letters, C.S.Lewis describe a un diablo experimentado, de alto rango, al que llama Screwtape, el cual le da recomendaciones a su sobrino, Wormwood, un demonio novato que recién está aprendiendo los trucos de la profesión. Screwtape le advierte repetidamente a Wormwood que esté en guardia, atento a los signos de estar perdiendo a su "paciente" en manos del "Enemigo" (término que usa para Dios).

En un punto, Screwtape se dirige a su sobrino para aleccionarlo acerca de la obediencia. Le advierte: "Wormwood, no te engañes. Nuestra causa nunca está tan en peligro como cuando un humano sigue tratando de hacer la voluntad de nuestro Enemigo a pesar de sentirse abandonado pero, igualmente, quiere seguir obedeciéndolo".[4]

Cómo vivir y orar en el nombre de Jesús

Amado, Cristo es nuestro Capitán y su promesa de victoria está disponible hoy en día para todos aquellos que no sólo oyen, sino que obedecen en el nombre de Jesús. La Escritura enlaza claramente la obediencia a la oración contestada. Juan escribe: "y todo lo que pidamos lo recibiremos de Él, porque guardamos sus mandamientos y hacemos las cosas que son agradables delante de Él" (1 Juan 3:22).

Entonces, ¡adelante con valor! Salga a conquistar en el nombre de Jesús. Nada de lo que podamos necesitar: fortaleza, crecimiento, alegría, provisión, propósito y paz escapa al poder de la persona de Cristo. Describa un deseo o exprese una virtud y encontrará su completo cumplimiento en el nombre de Jesús. Esa es la razón por la que podemos orar con San Francisco de Asís:

> "Señor, único Dios,
> Tú eres santo y tus hechos son portentosos.
> Tú eres fuerte, tú eres grande,
> Tú eres el Altísimo, el Todopoderoso.
> Tú, Padre santo, eres el Rey del cielo y de la tierra.
> Tú eres tres y Uno, Señor Dios, eres bueno.
> Tú eres muy bueno, extremadamente bueno, Señor.
> Tú eres amor.
> Tú eres sabiduría, Tú eres humildad.
> Tú eres paciente, Tú eres descanso.
> Tú eres paz, Tú eres gozo y alegría.
> Tú eres justicia y moderación.
> Tú eres rico y provees para nosotros.
> Tú eres belleza, Tú eres bondad.
> Tú eres protección, eres nuestro guardián
>   y nuestro defensor.
> Tú eres valor, Tú eres nuestro cielo y nuestra esperanza.
> Tú eres nuestra fe, nuestra gran consolación.
> Tú eres nuestra vida eterna, grande y maravilloso
> Señor, Dios todopoderoso, Misericordioso Salvador,".[5]

ORACIÓN PARA HOY
Poema de alabanza
Anoche vi al Rey.
Estaba entrando nuevamente por las puertas,
pero la escena era distinta a la anterior.
Había huestes alabando y niños cantando hosanas a viva voz
mientras Él pasaba triunfante por la puerta de Jerusalén.
En sus manos no había ramas de árboles,
ni ponían sus mantos en el suelo,
ni el rey montaba un burrito.
Todos lo recibían con trompetas
y usaban ropa resplandeciente.
Sus alabanzas acompañaban su entrada con júbilo.
El Rey montaba un caballo blanco, brioso;
las voces de quienes le daban la bienvenida se
elevaban exclamando:
"He aquí el Gran Conquistador, el Rey Jesús,
   quien ha vencido.
Rey de Gloria, entra por la puerta llamada Alabanza".

Entonces, supe que era una visión
que se repite cada vez que los corazones abiertos preparan el
camino con adoración.
Así como Él entró hace mucho tiempo atrás
y un día lo volverá a hacer,
así hoy, Él espera entrar cuando cantamos.
Ahora viene a reinar en gloria y nunca más se volverá a ir.
Aquella vez que entró fue echado a la muerte en el Gólgota y
las huestes demoníacas creyeron haber logrado su propósito.
Pero Él se levantó.
Se liberó de las ataduras de sus manos y pies traspasados.
Ahora, sostiene la espada en sus manos de santo poder
y va a la batalla derrotando el mal, cauterizando el infierno,
como el Capitán del Ejército de Dios, el Señor.
Él ha venido a morar entre nosotros y nunca jamás conocerá la
derrota. Levantamos nuestras voces al cielo con poder.

Cómo vivir y orar en el nombre de Jesús

Colocamos las trompetas en nuestros labios, haciendo sonar poderosas alabanzas de plata:
"toda la aclamación es para Jesús, Señor del Paraíso".
¿Puede ver esta gloriosa visión?
¿Puede entender mi sueño con
la revelación de la imagen?
Uno montado en un caballo blanco conquistando,
venciendo, abriéndose paso diariamente sobre las oscuras
huestes del infierno.
"Él salió venciendo y para vencer"; así lo vio Juan
y profetizó el conflicto de nuestros días.

El Rey que pareció estar vencido después de su entrada
triunfal ahora, después de su victoria en el Calvario,
vuelve para quedarse.
Él habita y hace su morada en aquellos corazones puros que
lo alaban.
Él vuelve a entrar en sus alegres canciones de triunfo.
Él se alistará para la batalla y saldrá a verncer,
vez tras vez;
conquistará el pecado y la maldad, siempre y cuando... Siempre y cuando haya un corazón sabio que alabe
y haya quien sepa que la batalla no es nuestra,
sino del Señor.

Y mientras fluye la alabanza, Él también; y se aseguran nuevas victorias y los nuevos triunfos son nuestra gran
recompensa.
Por lo tanto, levante alabanzas sin cesar,
alabanzas redentoras; cante:
"digno es el Cordero, quien, como León de Judá ruge sobre su presa".
La batalla es suya; la alabanza es nuestra.
La victoria es suya, la canción es nuestra.
Cantemos todos los días su regreso

J.W.H.

SANTIFICANDO ESTE NOMBRE

Autor de la fe: Hebreos 12:2
Capitán de nuestra salvación: Hebreos 2:10
Comandante: Isaías 55:4
Dios fuerte y poderoso: Salmo 24:8
Dios poderoso en batalla: Salmo 24:8
El que tendrá dominio: Números 24:19
El que viene: Hebreos 10:36-37
Escudo: 2 Samuel 22:31
Espada de tu gloria: Deuteronomio 33:29
Gran Dios: Tito 2:13
Guía: Isaías 55:4
Hombre de guerra: Éxodo 15:3
Jahová-Sabaoth (el Señor de
 los ejércitos): 1 Samuel 1:3; Isaías 6:3
Jehová-Nisi (el Señor es mi estandarte) Éxodo 17:15
León de la tribu de Judá: Apocalipsis 5:5
Liberador: Romanos 11:26
Raíz del tronco de Isaí: Isaías 11:1
Resurrección: Juan 11:25
Señor Dios de los ejércitos: Salmo 59:5
Todopoderoso: Salmo 45:3

Notas

Introducción
1. Andrew Murray, *With Christ in the School of Prayer* ed.rev. (Springdale, Penn. Whitaker House, 1978), 174.

Capítulo 1
1. Verónica Zundel, *Eerdmans' Book of Famous Prayers* (Grand Rapids: Eerdmans, 1983),33.

Capítulo 2
1. Zundel, *Famous Prayers*, 33
2. Ibid.,64.

Capítulo 3
1. David Manning White, The Search for God (New York: Macmillan, 1983), 25.
2. Ibid., 305.
3. Zundel, Famous Prayers, 78.
4. Ibid., 18.

Capítulo 4
1. Zundel, Famous Prayers, 70.

Capítulo 5
1. White, The Search for God. 133.
2. Ibid., 20.
3. Ibid., 135.
4. Zundel, Famous Prayers, 90.

Capítulo 7
1. White, The Search for God. 11.
2. Ibid., 327.
3. Zundel, Famous Prayers, 81.

Capítulo 8
1. White, The Search for God, 46.
2. Ibid., 115.
3. Zundel, Famous Prayers, 51.
4. Ibid., 51.

Capítulo 9
1. White, The Search for God, 309.
2. Ibid., 308.
3. Ibid., 29.
4. Ibid., 305
5. Ibid., 19.
6. Ibid., 270.
7. Zundel, Famous Prayers, 78.

Capítulo 10
1. White, The Search for God, 165.
2. Ibid., 54.

Capítulo 11
1. White, The Search for God, 10.
2. Ibid., 264.

Capítulo 12
1. White, The Search for God, 268.
2. Ibid., 40.
3. Ibid., 50
4. Zundel, Famous Prayers, 62.

Capítulo 13
1. White, The Search for God, 195.
2. Zundel, Famous Prayers, 49.

Capítulo 14
1. Notas de enseñanza tomado de Change the World School of Prayer, Change the World Ministries, P.O. Box 5838, Mission Hills, CA 91345.
2. White, The Search for God, 31.

Capítulo 15
1. White, The Search for God, 139.

Capítulo 16
1. White, The Search for God, 9.
2. Ibid., 47.
3. Zundel, Famous Prayers, 35.

Notas

Capítulo 18
1. White, The Search for God, 43.
2. Ibid., 16.
3. Ibid., 13.
4. Herbert Lockyer, All the Divine Names and Titles in the Bible (Grand Rapids Zondervan, 1975) 127.
5. Zundel, Famous prayers, 41.

Capítulo 19
1. Zundel, Famous Prayers, 65.
2. Franz Delitzsch, Commentaries on the Old Testament, Vol. Vll, 251.

Capítulo 20
1. White, The Search for God, 27.
2. Ibid., 22.
3. Zundel, Famous Prayers, 39.

Capítulo 21
1. White, The Search for God, 142.
2. Zundel, Famous Prayers, 58.
3. White, The Search for God, 228.

Capítulo 22
1. White, The Search for God, 235.
2. Ibid., 13.
3. Notas de enseñanza tomado de Change the World School of Prayer, Change the World Ministries, P.O. Box 5838, Mission Hills, CA 91345.

Capítulo 23
1. Zundel, Famous Prayers, 22.
2. Ibid., 43.

Capítulo 24
1. White, The Search for God, 178.
2. Ibid., 288.
3. Ibid., 328.
4. Zundel, Famous Prayers, 43.

Capítulo 25
1. White, The Search for God, 41.
2. Ibid., 39.
3. Lockyer, Divine Names and Titles, 264.
4. White, The Searchfor God, 48-49.
5. Zundel, Famous Prayers, 113.
6. Ibid., 40.

Capítulo 26
1. White, The Search for God, 267.
2. William A. Ogden "He Is Able to Deliver Thee," Great Hymns of the Faith, (Grand Rapids: Zondervan Publishing House, 1968), 201.

Capítulo 29
1. White, The Search for God, 228.
2. John Winnmill Brown, Every Knee Shall Bow (Old Tappan, NJ: Fleming H. Revell Company, 1984), 45.
3. White, The Search for God, 18.
4. Ibid., 151.

Capítulo 30
1. White, The Search for God, 10.
2. Lockyer, Divine Names and Titles, 271.
3. White, The Search for God, 22.
4. Zundel, Famous Prayers, 69

Capítulo 31
1. White, The Search for God, 60.
2. Lockyer, Divine Names and Titles, 43.
3. Martin Luther, "Castillo Fuerte es nuestro Dios," Great Hymns of the Faith, (Grand Rapids: Zondervan Publishing House, 1968), 36.
4. C. S. Lewis, The Screwtape Letters (New York: Macmillan, 1961), 39.
5. Zundel, Famous Prayers, 30.

Nombres de Jesús

Abogado: 1 Juan 2:1 Todo en todos: Colosenses 3:11
Aceite derramado: Cantares 1:3
Admirable: Isaías 9:6
Adonai-Jehová (Dios Soberano,
   Maestro Jehová) Génesis 15:2,8
Altísimo: Lucas 1:76
Altísimo: Salmo 18:13
Alto y Sublime: Isaías 57:15
Amigo más cercano que un hermano: Proverbios 18:24
Amor: 1 Juan 4:8
Anciano de días: Daniel 7:13-14
Ángel de su presencia: Isaías 63:9
Apóstol y Sumo Sacerdote: Hebreos 3:1
Apóstol de nuestra fe: Hebreos 3:1
Autor de eterna salvación: Hebreos 5:9
Autor de nuestra fe: Hebreos 12:2
Bálsamo en Galaad: Jeremías 8:22
Brazo del Señor: Isaías 51:9-10
Buen pastor: Juan 10:11

Cómo vivir y orar en el nombre de Jesús

Bueno: Salmo 34:8
Cabeza de todo hombre: 1 Corintios 11:3
Cabeza del cuerpo: Colosenses 1:18
Cabeza sobre todo: Efesios 1:233
Camino, Verdad y Vida: Juan 14:6
Capitán del ejército del Señor: Josué 5:14
Capitán de nuestra salvación: Hebreos 2:10
Consolación de Israel: Lucas 2:25
Consolador: Isaías 9:6
Consumador de nuestra fe: Hebreos 12:2
Cordero sin mancha: 1 Pedro 1:19
Cordero en medio del trono: Apocalipsis 7:17
Cordero de Dios: Juan 1:29
Cordero inmolado: Apocalipsis 5:12
Cordero sin mancha: 1 Pedro 1:19
Cordero en medio del trono: Apocalipsis 7:17
Cordero de Dios: Juan 1:29
Cordero inmolado: Apocalipsis 5:12
Corona de belleza: Isaías 28:5
Corona de gloria: Isaías 28:5
Corriente de agua en tierra seca: Isaías 32:2
Creador de todas las cosas: Jeremías 51:19
Creador de todas las cosas: Colosenses 1:16
Creador de los confines de la tierra: Isaías 40:28
Cristo nuestra vida: Colosenses 3:4
Cristo, poder de Dios: 1 Corintios 1:24
Cuerno de salvación: Lucas 1:69
Dios de toda consolación: 2 Corintios 1:3
Dios de verdad: Deuteronomio 32:4
Dios lleno de compasión: Salmo 86:15
Dios verdadero: 1 Juan 5:20
Dios de paz: Romanos 15:33
Dios juez de todo: Hebreos 12:23
Dios Admirable: Isaías 9:6
Dios de vivos y muertos: Romanos 14:9
Dios de mi vida: Salmo 42:8

Nombres de Jesús

Dios de amor y paz: 2 Corintios 13:11
Dios de recompensa: Jeremías 51:56
Dios fuerte: Salmo 89:8
Dios bendito por los siglos: Romanos 9:5
Dios de toda gracia: 1 Pedro 5:10
Dios manifestado en carne: 1 Timoteo 3:16
Dios de toda la tierra: Isaías 54:5
Dios de la paciencia y el consuelo: Romanos 15:5
Dios de gloria: Hebreos 7:2
Dios de esperanza: Romanos 15:13
Dios mi Salvador: Lucas 1:47
Distinguido entre diez mil: Cantares 5:10
Don inefable: 2 Corintios 9:15
Don de Dios: Juan 4:10
Dueño de casa: Lucas 13:25
El que lo llena todo en todo: Efesios 1:23
El que vive: Apocalipsis 1:18
El que vendrá: Hebreos 10:36-37
El que tendrá dominio: Números 24.19
Emanuel (Dios con nosotros): Mateo 1:23
Escogido de Dios: Lucas 23:35
Escogido: Isaías 42:1
Escudo de tu ayuda: Deuteronomio 33:29
Escudo para su pueblo: Joel 3:16
Escudo: 2 Samuel 22:31
Espada afilada: Isaías 49:2
Espada de tu gloria: Deuteronomio 33:29
Esperanza de gloria: Colosenses 1:27
Esperanza de Israel: Jeremías 17:13
Esperanza de sus padres: Jeremías 50:7
Espíritu de justicia: Isaías 28:5-6
Espíritu de vida: 1 Corintios 15:45
Espíritu de vida: 1 Corintios 15:45
Estrella de Jacob: Números 24:17
Estrella de la mañana: 2 Pedro 1:19
Estrella de la mañana: Apocalipsis 2:82

Cómo vivir y orar en el nombre de Jesús

Fiador: Hebreos 7:22
Fiel y Verdadero: Apocalipsis 19:11
Fortaleza para los necesitados: Isaías 25:4
Fortaleza para el pobre: Isaías 25:4
Fortaleza de mi vida: Salmo 27:1
Fortaleza: Nahum 1:7
Fuego consumidor: Hebreos 12:19
Fundamento seguro: Isaías 28:16
Fundamento: Isaías 28:16
Fundidor y Purificador: Malaquías 3:3
Galardonador: Hebreos 11:6
Gloria de tu pueblo Israel: Lucas 2:32
Gobernador sobre los reyes de la tierra: Apocalipsis 1:5
Gobernador: Mateo 2:6
Gobernador: Miqueas 5:2
Gran luz: Isaías 9:2
Gran profeta: Lucas 7:16
Gran Pastor de las ovejas: Hebreos 13:20
Gran Pastor:1 Pedro 5:4
Gran Sumo Sacerdote: Hebreos 4:14
Gran Rey sobre todos los dioses: Salmo 95:3
Grano de trigo: Juan 12:23-24
Guía: Isaías 55:4
Habitación de justicia: Jeremías 50:7
Hacedor: Isaías 17:7
Heredero de todas las cosas: Hebreos 1:2
Hierba tierna: 2 Samuel 23:4
Hijo de Dios: Juan 1:34
Hijo de María: Marcos 6:3
Hijo del Padre: 2 Juan 3
Hijo del Rey: Salmo 72:1
Hijo del Altísimo: Lucas 1:32
Hijo del Dios Altísimo: Marcos 5:7
Hijo del Rey: Salmo 72:1
Hijo: 1 Juan 4:14
Imagen de Dios: 2 Corintios 4:4

Nombres de Jesús

Imagen del Dios invisible: Colosenses 1:15
Inteligencia: Proverbios 8:14
Jefe: Isaías 55:4
Jehová-Elohay (el Señor mi Dios): Zacarías 14:5
Jehová-Eloheja (el Señor tu Dios): Éxodo 20:2
Jehová-Elohim (el eterno Creador): Génesis 2:4-25
Jehová-Elyón (el Altísimo) Salmo 7:17
Jehová-Jehová-Mekadishjem (elSeñor nuestro
   Santificador): Levítico 20:8
Jehová-Jiré (el Señor proveerá): Génesis 22:8-14
Jehová-Nisi (el Señor es mi estandarte): Éxodo 17:15
Jehová-Osenu (el Señor nuestro Hacedor): Salmo 95:6
Jehová-Rofeja (el Señor es tu sanador):Éxodo 15:26
Jehová-Roí (el Señor es mi pastor): Salmo 23:1
Jehová-Sabaot (el Señor de
   los ejércitos) 1 Samuel 1:3; Isaías : 6:3
Jehová-Shalom (el Señor es nuestra paz): Jueces 6:24
Jehová-Shama (el Señor está ahí) Ezequiel 48:35
Jehová-Tsidkenu (el Señor justicia
   nuestra) Jeremías 23:6;33:16
Jesucristo el Justo: 1 Juan 2:1
Juez y Legislador: Isaías 33:22
Juez justo: 2Timoteo 4:8
Juez de vivos y muertos: Hechos 10:42
Justo: Hechos 7:52
Lazo y trampa: Isaías 8:14
León de la tribu de Judá: Apocalipsis 5:5
Libertador: Romanos 11:26
Lirio de los valles: Cantares 2:1
Llama: Isaías 10:17
Lluvia sobre la hierba cortada: Salmo 72:6
Lugar de descanso: Jeremías 50:6
Luz verdadera: Juan 1:9
Luz de Israel: Isaías 10:17
Luz de los hombres: Juan 1:4
Luz de la ciudad: Apocalipsis 21:23

Cómo vivir y orar en el nombre de Jesús

Luz a los gentiles: Isa.42:6; Lucas 2:32
Luz de la mañana: 2 Samuel 23:4
Luz del mundo: Juan 8:12
Maestro bueno: Marcos 10:17
Maestro: Mateo 23:8; Juan 13:13
Maná escondido: Apocalipsis 2:17
Maná: Éxodo 16:31
Manantial de agua viva: Jeremías 17:13-14
Manojo de mirra: Cantares 1:13
Mañana sin nubes: 2 Samuel 23:4
Mediador de un nuevo pacto: Hebreos 12:24
Mediador de un mejor pacto: Hebreos 8:6
Mediador: Job.9:33; 1 Timoteo 2:5
Médico: Lucas 4:23
Mensajero del pacto: Malaquías 3:1
Mesías: Juan 4:25
Mi amado: Cantares 3:2
Mi amado: Mateo 12:18
Mi ayuda: Salmo 115:11
Mi ayudador: Hebreos 13:6
Mi bien amado: Isaías 5:1
Mi canción: Isaías 12:2
Mi escogido: Isaías 42:1
Mi escudo: 2 Samuel 22:3
Mi esperanza: Salmo 71:5
Mi fortaleza: Salmo 12:2
Mi fuerza y mi canción: Isaías 12:2
Mi fuerza: 2 Samuel 22:3
Mi gloria: Salmo 3:3
Mi Hacedor: Job:35:10
Mi lámpara: 2 Samuel 22:29
Mi pastor: Salmo 23:1
Mi poder: 2 Samuel 22:33
Mi porción: Salmo 73:26; 119:57
Mi roca de refugio: Salmo 31:2
Mi salvación: Salmo 38:22

Nombres de Jesús

Mi Señor y mi Dios: Juan 20:28
Mi siervo justo: Isaías 53:11
Mi sostén: 2 Samuel 22:19; Salmo 18:18
Mi torre fuerte: Salmo 144:2
Ministro en el santuario: Hebreos 8:2
Nuestra esperanza: 1 Timoteo 1:1
Nuestra gran Dios: Tito 2:13
Nuestra ofrenda: Levítico 3:1-5
Nuestra pascua: 1 Corintios 5:7
Nuestra paz: Efesios 2:14
Nuestro alfarero: Isaías 64:8
Nuestro legislador: Isaías 33:22
Obispo de nuestras almas: 1 Pedro 2:25
Ofrenda: Efesios 5:2
Ofrenda de grano: Levítico 2:1-10
Pacto a los pueblos: Isaías 42:6
Padre de misericordia: 2 Corintios 1:3
Padre eterno: Isaías 9:6
Palabra de Dios: Apocalipsis 19:13
Palabra: Juan 1:1
Palabra de vida: 1 Juan 1:1
Pan de Dios: Juan 6:33
Pan de vida: Juan 6:35
Pan de vida: Juan 6:51
Pastor: Génesis 49:24
Pastor de Israel: Salmo 80:1
Perdona las naciones: Isaías 11:12
Piedra: Mateo 21:42
Piedra angular: Salmo 118:22; 1 Pedro 2:6
Piedra escogida: 1 Pedro 2:6
Piedra no cortada a mano: Daniel 2:34-35
Piedra preciosa: 1 Pedro 2:6
Piedra probada: Isaías 28:16
Piedra viva: 1 Pedro 2:4
Piedra de tropiezo: 1 Pedro 2:8
Plantío de renombre: Ezequiel 34:29

Poderoso cetro: Salmo 110:2
Poderoso de Israel: Isaías 30:29
Poderoso de Jacob: Isaías 60:16
Porción de Jacob: Jeremías 10:16;51:19
Porción de mi herencia: Salmo 16:5
Precursor: Hebreos 6:20
Primero y último: Apocalipsis 1:17
Primicia de entre los muertos: Colosenses 1:18
Primicias de los que durmieron: 1 Corintios 15:20
Primogénito de la creación: Colosenses 1:15; Apocalipsis 1:5
Primogénito entre muchos hermanos: Romanos 8:29
Príncipe de vida: Hechos 3:15
Príncipe de paz: Isaías 9:6
Príncipe de príncipe: Daniel 8:25
Príncipe y Salvador: Hechos 5:30-31
Principio de la creación de Dios: Apocalipsis 3:14
Principio: Colosenses 1:18
Propiciación por nuestros pecados: 1 Juan 2:2
Puerta de las ovejas: Juan 10:7
Rabí: Juan 1:49
Raíz de David: Apocalipsis 5:5
Raíz de Isaí: Isaías 11:10
Raíz de tierra seca: Isaías 53:2
Ramillete de flores de alheña: Cantares 1:14
Redentor: Isaías 59:20
Refugio en la tormenta: Isaías 25:4
Refugio del viento: Isaías 32:2
Renuevo del Señor: Isaías 4:2
Rescate: Marcos 10:45
Resplandor de su gloria: Hebreos 1:3
Restaurador: Salmo 23:3
Resurrección y vida: Juan 11:25
Resurrección: Juan 11:25
Retoño del tronco de Isaí: Isaías 11:1
Rey: Zacarías 14:16
Rey de gloria: Salmo 24:10

Nombres de Jesús

Rey de Israel: Juan 1:49
Rey de Jacob: Isaías 41:21
Rey de justicia: Hebreos 7:2
Rey de los santos: Apocalipsis 15:3
Rey de paz: Hebreos 7:2
Rey de reyes: Apocalipsis 17:14
Rey sobre toda la tierra: Zacarías 14:9
Roca espiritual: 1 Corintios 10:4
Roca de Israel: Génesis 49:24
Roca de mi salvación: 2 Samuel 22:47
Roca que es más alta que yo: Salmo 61:2
Rosa de Sarón: Cantares 2:1
Sabiduría: Proverbios 8:12
Sabiduría de Dios: 1 Corintios 1:24
Sacerdote para siempre: Hebreos 5:6
Salvación mía: Salmo 42:11
Salvador del mundo: 1 Juan 4:14
Santísimo: Daniel 9:24
Santo: Isaías 57:15
Santo de Israel: Isaías 29:19;49:7
Santo y Justo: Apocalipsis 3:14
Santo y temible: Salmo 111:9
Santo y Verdadero: Apocalipsis 6:10
Santuario: Isaías 8:14
Señal: Lucas 2:34
Señor: Romanos 10:13
Señor Altísimo: Salmo 47:2
Señor creador del cielo: Isaías 45:18
Señor creador nuestro: Salmo 95:6
Señor de los ejércitos: Salmo 59:5
Señor de señores: Apocalipsis 17:14
Señor de toda la tierra: Zacarías 6:5
Señor de todo: Hechos 10:36
Señor de todo: Romanos 10:12
Señor del cielo: 1 Corintios 15:47
Señor Dios de verdad: Salmo 31:5

Señor Dios Omnipotente: Apocalipsis 19:6
Señor Dios Todopoderoso: Apocalipsis 4:8
Señor fuerte y temible: Salmo 24:8
Señor glorioso: Isaías 33:21
Señor justicia nuestra: Jeremías 23:6
Señor nuestro redentor: Isaías 43:14
Señor poderoso en batalla: Salmo 24:8
Señor y Salvador Jesucristo: 2 Pedro 3:18
Silo (Pacificador): Génesis 49:10
Sol de justicia: Malaquías 4:2
Sol y escudo: Salmo 84:11
Sombra de una gran peña sobre tierra árida: Isaías 32:2
Sombra del calor: Isaías 25:4
Su único Hijo: Juan 3:16
Sustentador de todas las cosas: Hebreos 1:3
Testador: Hebreos 9:16
Testigo a las naciones: Isaías 55:4
Testigo fiel y verdadero: Apocalipsis 3:14
Testigo fiel: Apocalipsis 1:5
Todo Él, deseable: Cantares 5:16
Torre de salvación: 2 Samuel 22:51
Torre fuerte: Salmo 61:3
Trono de gloria para la casa de su Padre: Isaías 22:23
Tu confianza: Proverbios 3:26
Tu Escudo: Génesis 15:1
Tu guardador: Salmo 121:5
Tu Hacedor: Isaías 54:5
Tu luz eterna: Isaías 60:20
Tu muy grande recompensa: Génesis 15:1
Tu Rey: Zacarías 9:9
Tu Santo: Hechos 2:27
Tu Sombra: Salmo 121:5
Un pastor: Juan 10:16
Único sabio Dios: 1 Timoteo 1:17
Único soberano: 1 Timoteo 6:15
Unigénito del Padre: Juan 1:14

Nombres de Jesús

Vara de justicia: Jeremías 23:5
Varón confirmado: Hechos 2:22
Varón de dolores: Isaías 53:3
Varón de guerra: Éxodo 15:3
Verdadero pan del cielo: Juan 6:32
Vida eterna: 1 Juan 1:2
Vida eterna: 1 Juan 5:20
Vino: Juan 15:5
Yo Soy: Juan 8:58